Renovación para el mantenimiento higiénico-sanitario de instalaciones de riesgo frente a legionela. SEAD0233

Antonio Caro Sánchez-Lafuente

ic editorial

Renovación para el mantenimiento higiénico-sanitario de instalaciones de riesgo frente a legionela. SEAD0233
© Antonio Caro Sánchez-Lafuente

1ª Edición

© IC Editorial, 2025

Editado por: IC Editorial
c/ Cueva de Viera, 2, Local 3
Centro Negocios CADI
29200 Antequera (Málaga)
Teléfono: 952 70 60 04
Fax: 952 84 55 03
Correo electrónico: iceditorial@iceditorial.com
Internet: www.iceditorial.com

ISBN: 978-84-1184-624-0
Depósito Legal: MA 280-2025

Impresión: PODiPrint
Impreso en Andalucía – España

Nota de la editorial: IC Editorial pertenece a Innovación y Cualificación S. L.

Especialidad formativa

Se entiende por especialidad formativa la agrupación de contenidos, competencias profesionales y especificaciones técnicas que responde a un conjunto de actividades de trabajo enmarcadas en una fase del proceso de producción y con funciones afines.

Las especialidades formativas de Uso General, Formación Complementaria, Formación Modular y las especialidades formativas dirigidas a la obtención de certificados de profesionalidad se incluyen en el Fichero de Especialidades del Servicio Público de Empleo Estatal para su gestión en todo el territorio nacional por cualquier Administración competente.

Las especialidades complementarias, pertenecen todas a la Familia profesional de Formación Complementaria (FCO) y tienen la consideración de formación transversal en áreas que se consideran prioritarias tanto en el marco de la Estrategia Europea para el Empleo y del Sistema Nacional de Empleo como en las directrices establecidas por la Unión Europea. Se consideran áreas prioritarias las relativas a tecnologías de la información y la comunicación, la prevención de riesgos laborales, la sensibilización en medio ambiente, la promoción de la igualdad, la orientación profesional y aquellas otras que se establezcan por la Administración competente.

Las especialidades de Certificado de profesionalidad tienen una duración especificada en su normativa reguladora.

En el resultado de la búsqueda, se muestran las unidades de competencia, todos los módulos formativos con su duración y las unidades formativas del certificado correspondiente, con su duración. Las horas del certificado, exclusivo de las especialidades de certificado de profesionalidad, con alta igual o superior a 2008, son las horas totales más las horas del módulo de Prácticas Profesionales no Laborales.

- ➲ **Si la especialidad tiene unidades formativas,** las horas totales, presencial, distancia, teleformación serán igual a la suma de esas horas de las unidades formativas de los distintos módulos, sin que se repita ninguna Unidad formativa.

⊃ **Si la especialidad no tiene unidades formativas,** las horas totales, presencial, distancia, teleformación serán igual a las sumas de esas horas de los módulos formativos, eliminando las horas de los módulos repetidos.

https://sede.sepe.gob.es/especialidadesformativas/RXBuscadorEFRED/BusquedaEspecialidades.do

(Fuente: Servicio Público de Empleo Estatal)

Índice

Unidad de aprendizaje 1
Análisis del programa de mantenimiento higiénico-sanitario

1. Introducción   11
2. Diagnóstico de la situación   11
3. Programa de actuación   16
4. Evaluación   22
5. Resumen   29
   Ejercicios de autoevaluación   31

Unidad de aprendizaje 2
Identificación de los aspectos técnicos y puntos críticos a considerar

1. Introducción   35
2. Valoración del riesgo en instalaciones susceptibles de
   proliferación de legionela que constituyen un riesgo emergente
   por su ubicación en espacios públicos (ej: humectadores)   36
3. Resumen   98
   Ejercicios de autoevaluación

                                                         115

Unidad de aprendizaje 3
Definición de biocidas y productos químicos a usar

1. Introducción   119
2. Biocidas. Definición y tipos   119
3. Elegir el adecuado para cada una de las instalaciones de
   riesgo en las que legionela puede proliferar y diseminarse   123
4. Resumen   127
   Ejercicios de autoevaluación   129

Unidad de aprendizaje 4
Ejecución de los diferentes procesos

1. Introducción   133
2. La toma de muestras   133
3. Certificación y acreditación   142
4. Resumen   145
   Ejercicios de autoevaluación   147

Unidad de aprendizaje 5
Aplicación de las actualizaciones

1. Introducción   151
2. Técnicas analíticas de detección de legionela (técnicas de
   detección rápida)   151
3. Resumen   158
   Ejercicios de autoevaluación   159

Unidad de aprendizaje 6
Enumeración de las responsabilidades

1. Introducción   163
2. Responsabilidades según normativa   163
3. Empresas de mantenimiento   165
4. Resumen   169
   Ejercicios de autoevaluación   171

Unidad de aprendizaje 7
Análisis de la normativa en relación con la legionelosis, prevención de riesgos laborales y medio ambiente

1. Introducción   175
2. Legionela: actualización legislación nacional y autonómica   175
3. Legislación nacional y autonómica referida a la prevención de
   riesgos laborales   180
4. Legislación nacional y autonómica referida a la protección del
   medioambiente   184
5. Resumen   188
   Ejercicios de autoevaluación   191

Glosario   193

Bibliografía   195

OBJETIVOS GENERALES

Los objetivos generales del **SEAD0233. Renovación para el manteni-miento higiénico-sanitario de instalaciones de riesgo frente a legionela,** son los siguientes:

- ⮞ Identificar los nuevos avances científicos y técnicos, adecuándose, para prevenir la legionelosis.
- ⮞ Comprender las nociones básicas sobre el programa de mantenimiento higiénico-sanitario referido a las instalaciones de riesgo frente a legionela, exponiendo el diagnóstico de situación, el programa de actuación y las necesidades de evaluación.
- ⮞ Distinguir los aspectos técnicos y puntos críticos en torno a la valoración del riesgo en las diferentes instalaciones susceptibles de proliferación de legionela.
- ⮞ Reconocer los biocidas y productos químicos a utilizar en cada una de las instalaciones de riesgo en las que la legionela puede proliferar y di-seminarse.
- ⮞ Conocer el proceso a llevar a cabo para la correcta toma de muestras para el aislamiento de legionela, cumpliendo con las necesidades de certificación y acreditación actuales.
- ⮞ Conocer las técnicas analíticas de detección de legionela.
- ⮞ Determinar las responsabilidades a las que deben hacer frente las em-presas dedicadas al mantenimiento de instalaciones con riesgo de pro-liferación de legionela.
- ⮞ Conocer la legislación actual, tanto nacional como autonómica, sobre la prevención de legionela, prevención de riesgos laborales y protección del medioambiente.

Análisis del programa de mantenimiento higiénico-sanitario

Contenido

1. Introducción
2. Diagnóstico de situación
3. Programa de actuación
4. Evaluación
5. Resumen

Objetivos

El objetivo general de esta Unidad de Aprendizaje es:

→ Comprender las nociones básicas sobre el programa de mantenimiento higiénico-sanitario referido a las instalaciones de riesgo frente a legionela, exponiendo el diagnóstico de situación, el programa de actuación y las necesidades de evaluación.

Los objetivos específicos de esta Unidad de Aprendizaje son:

→ Describir las premisas que se deberán tener presentes al llevar a cabo instalaciones con necesidad de control de legionela con el fin de evitar, en la medida de lo posible, el riesgo de proliferación de la bacteria, así como asegurar el correcto diseño y mantenimiento de la instalación.

→ Reconocer la legislación vigente relacionada con el control y previsión de la legionela.

1. Introducción

La **legionelosis** es una **enfermedad bacteriana,** que incurre con gran incidencia en la población y de la que aún existe déficit de conocimiento. Por ello, es importante su prevención y control, pasando a ser desde 1997 una enfermedad de declaración obligatoria en España, hecho que ha propiciado la generación de normas y políticas de control, reflejadas en guías, protocolos y actos legislativos, siendo en la actualidad el Real Decreto 487/2022, de 21 de junio y la Orden SCO/317/2003 de 7 de febrero los encargados de establecer las medidas necesarias para su correcto control y previsión, así como las necesidades formativas necesarias para su correcta aplicación.

La importancia del estudio de la legionelosis radica tanto en la alta mortalidad que plantea su infección, como en la alarma generada por la aparición de los brotes, normalmente relacionados con las torres de refrigeración, agua caliente sanitaria, *jacuzzis* y fuentes ornamentales, entre otras, pudiéndose confirmar que es una de las denominadas **"enfermedades mediáticas".**

A pesar de todo, los progresos en torno a los programas de actuación hacen que la imposición de un tratamiento precoz disminuya considerablemente su incidencia, registrándose como letal solo en un 3 % en casos comunitarios.

A continuación, se presentará un diagnóstico de la situación actual de la legionelosis, así como los avances en torno a los programas de actuación y evaluación, recurriendo en forma de ejemplo a los hechos acontecidos en la empresa de prevención y mantenimiento Hermanos García Bravo.

2. Diagnóstico de la situación

 **HILO CONDUCTOR**

La necesidad de ampliación de plantilla ha generado un problema en la empresa Hermanos García Bravo, pues dada su profesionalidad requieren contar con personal sumamente preparado. Por ello, uno de los requisitos que todo candidato debe tener está relacionado con su formación, debiendo cumplir con lo impuesto tanto en el Real Decreto 487/2022, de 21 de junio, como en la Orden SCO/317/2003, de 7 de febrero.

- -

Gracias a la Red Nacional de Vigilancia Epidemiológica, en colaboración con el Instituto de Salud Carlos III (ISC), se puede comprobar que los **casos declarados de legionela han sufrido un descenso paulatino** desde la existencia de registros, teniéndose como dato actual el referido a la semana 38 del año 2022, mostrándose una acumulación de casos de 52 sobre los 68 declarados en la misma semana del pasado año 2021, lo que indica un pequeño descenso, no representativo de las **cada vez mayores exigencias de control,** así como innovación en el desarrollo de productos químicos y medios de control.

Conocidos los datos facilitados en torno a los casos de legionela retoma aún más importancia la necesidad de llevar a cabo una **valoración previa en torno al diseño y realización de instalaciones de riesgo.**

PARA SABER MÁS

Accede al siguiente enlace en el que se muestran de forma actualizada los boletines correspondientes al Boletín Epidemiológico Semanal en Red, facilitado por el Instituto de Salud Carlos III, pudiendo comprobar a fecha real los casos declarados y la acumulación a lo largo del año, así como una comparativa con los años anteriores referidos a las Enfermedades de Declaración Obligatoria, siendo una de ellas la legionela.

https://redirectoronline.com/legionella0102

Para realizar esta valoración, se lleva a cabo un **diagnóstico inicial,** que comenzará con la recogida de los datos dictados mediante el artículo 8 del Real Decreto 487/2022, de 21 de junio, reflejando al menos los siguientes aspectos:

- ⊃ **Diagnóstico inicial y descripción detallada de la instalación,** incluyendo como mínimo:

- Datos técnicos y de funcionamiento, diseño y ubicación de la instalación.
- Planos o esquemas de sus componentes.
- squema de funcionamiento del circuito hidráulico, tipo de suministro
  y procedencia del agua.
- Puntos de toma de muestra y puntos de posible emisión de aerosoles.

● **Descripción de los siguientes programas:**

- Programa de mantenimiento y revisión de instalaciones y equipos.
- Programa de tratamiento.
- Programa de muestreo y análisis del agua.
- Programa de formación del personal.

Para ello, se ofrece en el anexo II de la citada normativa el siguiente modelo
de tabla:

BOLETÍN OFICIAL DEL ESTADO
LEGISLACIÓN CONSOLIDADA

ANEXO II

Modelo de documento de notificación de torres de refrigeración y condensadores evaporativos

Alta ☐   Baja ☐   Modificación ☐   Fecha ☐

	NIF / CIF
Titular	
Instalador	
Representante (en su caso)	

Dirección del titular	
Teléfono(s)	
Fax *(optativo)*	
Correo electrónico	
Dirección a efectos de notificación	

Ubicación de los equipos

Zona Urbana ☐   Zona Industrial ☐   Zona Agrícola ☐   Instalación en centro prioritario ☐

Coordenadas geográficas ETRS89:   Huso ☐   X ☐   Y ☐

Dirección: ☐

Altura	Menor Distancia en horizontal a la vía pública	Menor Distancia a tomas de aire y ventanas
m	m	m

Existen en las proximidades: Residencias de ancianos ☐   Hospitales ☐   Otros ☐

Características de la instalación o circuito

Instalación fija ☐   Instalación móvil(1) ☐   Volumen de agua del circuito (m³) ☐

(1) En caso de instalaciones móviles, deberán realizar una notificación cada vez que se desplace la instalación.

Función de la torre de refrigeración/condensador evaporativo:

Climatización ☐   Refrigeración de procesos ☐   Otros ☐

Tipo de instalación	Nº de equipos	Marca Modelo	Nº serie	Fecha instalación	Fecha Reforma	Potencia térmica (kW)
Torres de refrigeración.						
Condensadores evaporativos.						

Página 21

Continúa en página siguiente >>

<< Viene de página anterior

BOLETÍN OFICIAL DEL ESTADO
LEGISLACIÓN CONSOLIDADA

Identificación del circuito al que pertenece cada torre o condensador evaporativo

Régimen de Funcionamiento

Continuo [2] ☐   Estacional [3] ☐   Intermitente [4] ☐   Irregular [5] ☐

(2) Funcionamiento sin interrupción.

(3) Funcionamiento coincidente con los cambios estacionales (primavera-verano).

(4) Periódico con paradas de más de una semana.

(5) Que no sigue ninguna norma en su funcionamiento.

Horas/día de funcionamiento [   ]   Días/año [   ]

Origen del agua

Red pública	Suministro propio		Agua regenerada [6]	Agua reutilizada del propio proceso
	Superficial	Subterráneo		

(6) Adjuntar el informe o resolución de concesión de uso o del propio proceso

Ubicación del depósito

	No	Si	Ubicación	Volumen en m³
Previo				
En el circuito				

Fecha de la limpieza y desinfección antes de la puesta en funcionamiento.

Cese definitivo de la instalación

Fecha del cese [   ]

Firma del notificante

Fdo.: ....

Página 22

[15]

ACTIVIDAD COMPLEMENTARIA

1. Reflexiona sobre los datos aportados por el ISC, de las últimas tres semanas. ¿Qué tendencia se observa en torno a los casos de legionela ocurridos en dicho periodo? ¿Son significativos los datos, en relación a la acumulación de casos del pasado año? Obtén una conclusión respecto a dicha evolución.

3. Programa de actuación

 HILO CONDUCTOR

Manuel, uno de los técnicos de la empresa de mantenimiento Hermanos García Bravo, se ha desplazado en el día de hoy hasta las instalaciones de la fábrica Safema para llevar a cabo una revisión rutinaria de las torres de refrigeración.

Observando que el sistema de dosificación en continuo del biocida no funciona de forma correcta, se deberá proceder de forma urgente a su sustitución.

Todo programa de actuación dirigido al control de la legionela, debe asegurar el mantenimiento y revisión refiriéndose al menos, a las siguientes premisas reflejadas en base a lo dictado por el Real Decreto 487/2022:

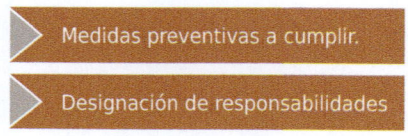

Medidas preventivas a cumplir.

Designación de responsabilidades

Dichas premisas se ven acogidas en la imposición dada por el anexo IV del Real Decreto 487/2022, el cual presenta el conjunto de acciones a llevar a cabo en el caso de detectar anomalías, indicándose una periodicidad previamente establecida que permita:

➲ Comprobar correcto funcionamiento de las instalaciones.

- Revisar estado de conservación y limpieza.
- Sustituir o reparar algún componente deteriorado

 **NOTA**

El programa de tratamiento se compone del programa de limpieza y desinfección y del programa de tratamiento del agua.

Instalaciones interiores de agua de consumo humano

Torres de refrigeración y condensadores evaporativos

Sistemas de agua climatizada o con temperaturas similares a las climatizadas (≥24 ºC)...

Dispositivos de enfriamiento evaporativo por pulverización

Continúa en página siguiente >>

<< Viene de página anterior

Otras instalaciones

3.1. Instalaciones interiores de agua de consumo humano

Como recoge el Anexo III del Real Decreto 487/2022, las instalaciones de agua sanitaria deberán:

- Diseñarse garantizando la total estanqueidad y correcta circulación de agua, evitando el estancamiento, así como contar con puntos de purga suficientes que permitan la eliminación completa de sedimentos.
- Contar con sistemas de filtración según la norma UNE-EN 13443-1.
- Facilitar la accesibilidad a los equipos para su inspección, limpieza, desinfección y toma de muestras.
- Estarán realizadas con materiales que puedan estar en contacto con el agua de consumo humano.
- Mantener la temperatura del agua en el circuito de agua fría lo más baja posible procurando, donde las condiciones climatológicas lo permitan, una temperatura inferior a 20 °C, para lo cual las tuberías estarán suficientemente alejadas de las de agua caliente o en su defecto aisladas térmicamente.
- Garantizar que, si la instalación interior de agua fría de consumo humano dispone de depósitos, estos estén tapados con una cubierta impermeable que ajuste perfectamente y que permita el acceso al interior. Si se encuentran situados al aire libre estarán térmicamente aislados. Si se utiliza cloro como desinfectante, se añadirá, si es necesario, al depósito mediante dosificadores automáticos.
- Asegurar, en toda el agua almacenada en los acumuladores de agua caliente finales, es decir, inmediatamente anteriores a consumo, una temperatura homogénea y evitar el enfriamiento de zonas interiores que propicien la formación y proliferación de la flora bacteriana.
- Disponer de un sistema de válvulas de retención, según la norma UNE-EN 1717, que eviten retornos de agua por pérdida de presión o disminución

del caudal suministrado y, en especial, cuando sea necesario para evitar mezclas de agua de diferentes circuitos, calidades o usos.

➲ Mantener la temperatura del agua, en el circuito de agua caliente, por encima de 50 °C en el punto más alejado del circuito o en la tubería de retorno al acumulador. La instalación permitirá que el agua alcance una temperatura de 70 °C.

➲ Los sistemas de agua caliente sin acumulación con y sin retorno, deben garantizar una temperatura de salida de agua a 60 °C.

 PARA SABER MÁS

Escanea los siguientes códigos QR para acceder a documentos de la UNE-EN 13443-1 y la UNE-EN 1717.

UNE-EN 13443-1	UNE-EN 1717

https://redirectoronline.com/legionella010201	*https://redirectoronline.com/legionella010202*

IMPORTANTE

Cuando se utilice un sistema de aprovechamiento térmico en el que se disponga de un acumulador, conteniendo agua que va a ser consumida y en el que no se asegure de forma continua una temperatura próxima a 60 °C, se garantizará, posteriormente, que se alcance una temperatura de 60 °C en otro acumulador final antes de la distribución hacia el consumo.

3.2. Torres de refrigeración y condensadores evaporativos

Como recoge el anexo III , Parte B del Real Decreto 487/2022, en las torres de refrigeración y condensadores evaporativos:

⮑ Estarán ubicados de manera que se reduzca al mínimo el riesgo de exposición de las personas a los aerosoles. A este efecto se deberán ubicar en lugares alejados tanto de las personas como de las tomas de aire acondicionado o de ventilación.
⮑ El diseño del sistema deberá hacerse de manera que todos los equipos y aparatos sean fácilmente accesibles para su inspección, limpieza, desinfección y toma de muestras.
⮑ Existirán suficientes puntos de purga para vaciar completamente la instalación y estarán dimensionados para permitir la eliminación de los sedimentos acumulados.
⮑ Deberán disponer de sistemas separadores de gotas de alta eficiencia cuyo caudal de agua arrastrado será menor del 0,002 % del caudal de agua circulante.
⮑ Deberán disponer de sistemas de dosificación en continuo del biocida.

3.3. Sistemas de agua climatizada o con temperaturas similares a las climatizadas (≥24 °C)

Como recoge el anexo III. Parte C del Real Decreto 487/2022, los sistemas de agua climatizada o con temperaturas similares a las climatizadas (≥24 °C) pueden ser con recirculación y sin recirculación.

Para los que disponen de recirculación:

⮑ Las instalaciones contarán con sistemas de tratamiento de agua consistente como mínimo de filtración, renoviación y desinfección. Preferiblemente automatizado y con control de pH.

Para los que no disponen de recirculación:

⮑ Se requiere que el vaso de mezclado esté lo más cerca posible al punto de salida.
⮑ Deberá contar con sistema de desinfección, en los casos en los que la procedencia del agua no garantice un adecuado nivel de agente desinfectante.
⮑ Dotar al sistema de depósito intermedio para proceder al desinfectado de agua en caso necesario.

3.4. Dispositivos de enfriamiento evaporativo por pulverización

Se trata de dispositivos en los que la pulverización se obtiene mediante elemento de refrigeración por aerosolización, indicándose en el anexo III. Parte D del Real Decreto 487/2022 que cuando las instalaciones estén en espacios públicos o sean de uso colectivo y no dispondrán de depósito, el agua procederá de una red de distribución de agua de consumo humano. Si dispone de depósito deberá ser accesible para la aplicación de tratamientos adecuados, quedando a su vez protegido contra cambios de temperatura, suciedad...

3.5. Otras instalaciones

Para el resto de instalaciones con riesgo de legionela, su diseño deberá contemplar:

- Evitar diseños que propicien el estancamiento de aguas.
- Controlar que cerca de los puntos finales y de elementos de protección exterior existan emisores de aerosoles.
- En la medida de lo posible, imponer una temperatura por debajo de 20 °C en el agua.
- Evitar la entrada de materiales extraños en la instalación, considerando si es necesario la instalación de filtros si el agua de aporte tiene un elevado contenido en partículas.
- El acceso para el mantenimiento y limpieza debe ser adecuado.
- Debe estar dotado de sistemas (válvulas) que eviten el retorno de agua y mezclas de agua procedentes de diferentes sistemas.
- Los sistemas deben disponer de válvulas de drenaje suficientes y adecuadas.

 IMPORTANTE

El agua utilizada en estas instalaciones debe ser preferentemente "agua de consumo humano"; de lo contrario debe ser tratada para evitar la presencia de *Legionella spp* en la instalación. A su vez, el agua debe cumplir con los requisitos de los fabricantes de los diferentes elementos de la instalación.

En cuanto al programa de mantenimiento, revisión y tratamiento de instalaciones y equipos frente al riesgo de *Legionella spp* el Real Decreto 487/2022 expone en su anexo IV, la necesidad de implantar una frecuencia adecuada de revisión, así como un sistema documental en el que se describan las acciones correctoras frente a anomalías, se registren las acciones llevadas a cabo y las fechas de ejecución.

Como elementos presentes en este programa, es necesario incluir:

➲ Programa de limpieza y desinfección.
➲ Programa de tratamiento del agua.

4. Evaluación

 HILO CONDUCTOR

Dada la incidencia resuelta por Manuel, en la fábrica Safema, ahora debe plantear una revisión de la frecuencia de muestreo, ya que la instalación ha estado más de 24 h en las que el biocida no ha estado presente.

Debido a la necesidad de llevar a cabo los programas de mantenimiento periódico de las instalaciones con riesgo de legionelosis y con el fin de exponer un control exhaustivo, en virtud de lo expuesto en el anexo V del Real Decreto 487/2022 se genera la necesidad de crear los denominados programas de muestreo dando a conocer las exigencias en torno a posibles actuaciones, que a su vez serán registradas en la documentación asociada al registro de operaciones de mantenimiento, en el que se expondrán además de los aspectos generales , los siguientes datos:

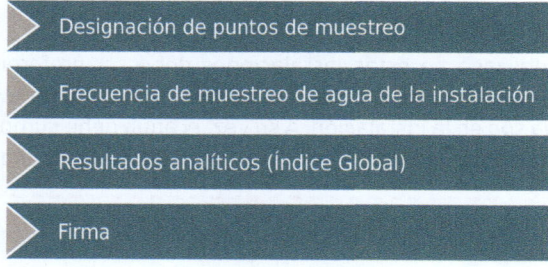

Designación de puntos de muestreo

Frecuencia de muestreo de agua de la instalación

Resultados analíticos (Índice Global)

Firma

4.1. Designación de puntos de muestreo

Los puntos de muestreo coincidirán con los puntos terminales representativos de la instalación, indicándose como mínimo los siguientes:

- ⮑ Un punto en el depósito.
- ⮑ Un punto en el acumulador.
- ⮑ Un punto en el circuito de retorno.
- ⮑ Dos puntos medios de la instalación.
- ⮑ Cada uno de los puntos terminales identificados.

La toma de muestra puede hacerse con purga o sin purga. En el primer caso, el proceso muestra un informe sobre la incidencia de *Legionella spp* en el circuito. En el segundo caso, el sistema da a conocer una muestra en el terminal y su tubería. Por tanto, cuando la toma se lleva a cabo sin purga, la muestra será tomada:

- ⮑ En primer tramo en puntos terminales.
- ⮑ En puntos terminales alejados y de poco uso.
- ⮑ En tramos de baja circulación.
- ⮑ En puntos terminales de agua mezclada con temperaturas por debajo de 50 °C.

NOTA

El número de puntos de toma de muestras se relaciona con el número de puntos terminales, acumuladores de agua caliente y depósitos de agua fría.

Puntos terminales	Puntos de toma de muestra	
	Circuito de agua caliente	Circuito de agua fría
<20	3	1
21 a 50	4	1
51 a 100	4	2
101 a 150	5	2

Continúa en página siguiente >>

<< *Viene de página anterior*

Puntos terminales	Puntos de toma de muestra	
	Circuito de agua caliente	Circuito de agua fría
151 a 200	6	3
201 a 250	7	3
251 a 300	8	4
301 a 350	9	4
>350	Aumentar proporcionalmente	Aumentar proporcionalmente

Número de puntos de toma de muestra dado por normativa en base al número de "puntos terminales".

4.2. Frecuencia de muestreo de agua de la instalación

La frecuencia de muestreo a implementar en la instalación está en función del tipo de instalación.

Al mismo tiempo se establece de forma representativa la necesidad de llevar a cabo un análisis en los siguientes casos:

➲ Como mínimo a los 15-30 días después de llevar a cabo un tratamiento de limpieza y desinfección.
➲ Cuando el tiempo de parada de la instalación supere la vida media del biocida y aunque no la supere, no haya habido recirculación del agua con el biocida en 24 h.

 **EJEMPLO**

La frecuencia mínima de muestreo para las torres de refrigeración y condensadores evaporativos en base al análisis de *Legionella spp*, es mensual. En cambio, para los dispositivos de enfriamiento evaporativo por pulverización mediante elementos de refrigeración por aerosolización es semestral.

4.3. Resultados analíticos (Índice Global)

Para llevar a cabo la evaluación, se tendrán presentes tanto factores estructurales como de mantenimiento y de operaciones, asociados al funcionamiento de la instalación, estableciéndose como instrumento para llevar a cabo las acciones correctoras impuestas por el denominado "Índice global", diferenciando como rangos de actuación los siguientes:

⊃ **Indice global:** este valor es el resultado de la siguiente ecuación:

$$0{,}3 \times (\text{Índice estructural}) + 0{,}6 \times (\text{Índice mantenimiento}) + 0{,}1 \times (\text{Índice operación})$$

⊃ **<60:** obteniendo un resultado menor de 60 en la ecuación, se deberán cumplir con los requisitos del Real Decreto 487/2022.
⊃ **≥60 ≤80:** obteniendo como resultado entre 60 y 80 puntos en la ecuación, se deberán llevar a cabo las acciones necesarias para disminuir dicho índice por debajo de 60. Al mismo tiempo se aumentará la frecuencia de revisión del sistema a periodicidad trimestral, aplicando las determinaciones reflejadas en "Acciones a considerar".
⊃ **>80:** obteniendo un resultado mayor que 80 en la ecuación, se tomarán medidas correctivas de forma inmediata hasta conseguir rebajar el índice. Se aumentará la frecuencia de limpieza y desinfección a frecuencia trimestral hasta conseguir rebajar el índice por debajo de 60, aplicando las determinaciones reflejadas en "Acciones a considerar".

 IMPORTANTE

El mantenimiento y la limpieza es una parte esencial para la prevención de la legionelosis en toda instalación, por lo que el índice de mantenimiento considerado por separado debe ser siempre igual o menor a 50.

4.4. Firma

Se deberá registrar la firma del responsable técnico de las tareas realizadas y del responsable de la instalación.

responsable de ésta a realizar esta operación en el plazo que se designe, a contar desde la primera notificación escrita facilitada por la autoridad competente.

ANEXO X

Registro/Certificado de limpieza y desinfección

Datos de la empresa/persona que realiza el tratamiento

Nombre

N° de Registro ROESB *(Si procede)*

Domicilio

NIF

Teléfono

Fax *(Opcional)*

Correo electrónico

Motivo del tratamiento de L+D:

Mantenimiento programado ☐   Aislamiento de *Legionella* ☐   Medida correctora ☐   Brote/Casos ☐

Otros *(Especificar)* ☐

Datos del contratante:

Nombre

Domicilio

NIF

Teléfono

Fax *(Opcional)*

Correo electrónico

Instalación tratada:

Instalación tratada

Instalación notificada a la Autoridad Competente *(Si procede)*

Sí ☐   No ☐   Fecha de notificación _____

Nombre del circuito _____

Estado de conservación de la instalación:

Con corrosión ☐   Con incrustaciones, biocapa o algas ☐   Correcto ☐

Plano actualizado del Esquema hidráulico: Si ☐   No ☐

Continúa en página siguiente >>

<< Viene de página anterior

BOLETÍN OFICIAL DEL ESTADO
LEGISLACIÓN CONSOLIDADA

Fecha de la última actualización: ....

Tratamiento de L+D: Térmico
Protocolo seguido...

Fecha y hora de inicio y final de realización	
Duración del tratamiento	
Niveles de temperatura en puntos finales	

Se ha vaciado previamente a la limpieza	Si		No		Parcialmente	
Se han limpiado los depósitos acumuladores	Si		No		Parcialmente	

Tratamiento de L+D: Químico
Productos utilizados: Nombre comercial y n° de registro en caso de biocidas
En el caso de sistemas de agua sanitaria, deberá adjuntarse un anexo con los niveles de temperatura y desinfectante, en todos los puntos finales de la instalación, así como los niveles de temperatura de los acumuladores durante todo el proceso, indicando la hora de cada determinación

Protocolo seguido

Plano o Esquema hidráulico actualizado			
Se ha parado la instalación [(1)]	Sí	No	Parcialmente
Se ha vaciado previamente a la limpieza	Sí	No	Parcialmente
Se ha limpiado antes de añadir el biocida	Sí	No	Parcialmente
Se han limpiado los depósitos acumuladores	Sí	No	Parcialmente (tiempo de parada)
Fecha y hora de inicio			
Fecha y hora de final			
Indicar concentraciones de choque del biocida			
Indicar tiempo de recirculación del biocida			
En el caso de biocidas, N.° de Registro			
Otros productos, (Presentar Ficha de datos técnicos y de seguridad)			

(1) en caso de torres de refrigeración y condensadores evaporativos
En el caso de sistemas de agua sanitaria deberá adjuntarse un anexo con los niveles de cloro en todos los puntos finales de la instalación durante el proceso indicando la hora de cada determinación"

Especificar las partes donde se realiza el tratamiento (total, parcial), y hora en que se realizan las mediciones, niveles obtenidos y medidas correctoras realizadas, en caso necesario:

Observaciones

Responsable técnico:

Nombre	
DNI	
Acreditación de la capacitación	
Cualificación/Titulación	

Continúa en página siguiente >>

[27]

<< Viene de página anterior

BOLETÍN OFICIAL DEL ESTADO
LEGISLACIÓN CONSOLIDADA

Aplicador/es del tratamiento:

Nombre	
DNI	
Acreditación/es de la capacitación	
Cualificación/es	

Fecha de realización de la limpieza y desinfección	
Fecha de emisión del certificado	
Certificado de tratamiento	

Firma/s de la/s persona/s que realizan el tratamiento

Firma del responsable técnico del tratamiento   Firma del titular o del responsable de la instalación

Fdo.   Fdo.

Nota: A cumplimentar tanto si es una empresa de servicios, como si es personal propio de la empresa.

============================

Este texto consolidado no tiene valor jurídico.

Registro/Certificado de limpieza y desinfección.

TAREA 1

Como técnico especialista en la instalación de torres de refrigeración y sistemas análogos, ¿qué premisas deberás tener presentes para llevar a cabo instalaciones con necesidad de control de legionela?

Especifica de forma generalizada las premisas a tener en cuenta al llevar a cabo dicha instalación con el fin de evitar, en la medida de lo posible, el riesgo de proliferación de la bacteria legionela, así como asegurar el correcto diseño y mantenimiento de la instalación.

Asimismo, indica cuál es la legislación vigente en esta materia, describiendo brevemente a los aspectos que trata.

---

5. Resumen

La **legionela** se encuentra en **ambientes hídricos,** requiriendo de amplificadores y diseminadores para su propagación, de ahí la importancia en torno a la interpretación correcta del Real Decreto 487/2022, de 21 de junio y la Orden SCO/317/2003 de 7 de febrero.

Considerada una **enfermedad mediática,** se refleja en la Red Nacional de vigilancia Epidemiológica cuál es el diagnóstico de situación, existiendo datos actuales semana a semana, lo que permite una actuación efectiva, estableciéndose como fundamental las siguientes **premisas en torno a la prevención:**

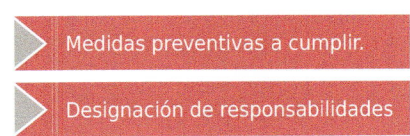

Medidas preventivas a cumplir.

Designación de responsabilidades

Se impone como necesaria la **evaluación de las instalaciones con riesgo de legionela** con una frecuencia mínima de una vez al año, siempre y cuando no se muestren irregularidades o no se lleven a cabo acciones de reparación, modificación estructural o así lo requieran las autoridades competentes.

Destacar la importancia asociada a la designación de los puntos de muestreo en las instalaciones con riesgo de proliferación de *Legionella spp,* así como la imposición de una correcta frecuencia en el muestreo de agua.

Finalmente, es imprescindible conocer el **índice global,** debiendo imponer las acciones correctivas necesarias, atendiendo al resultado de su ecuación:

$$0,3 \times (\text{Índice estructural}) + 0,6 \times (\text{Índice mantenimiento}) + 0,1 \times (\text{Índice operación})$$

Ejercicios de autoevaluación
Unidad de Aprendizaje 1

1. Indica si son verdaderas o falsas las siguientes afirmaciones:

a. En la actualidad, las normas y políticas de control referentes a la legionela, se reflejan mediante el Real Decreto 109/2010, de 5 de febrero.

- ■ Verdadero
- ■ Falso

b. Los brotes de legionela se relacionan normalmente con las torres de refrigeración, agua caliente sanitaria, *jacuzzis* y fuentes ornamentales.

- ■ Verdadero
- ■ Falso

c. Las torres de refrigeración se catalogan como amplificadores.

- ■ Verdadero
- ■ Falso

2. Las instalaciones denominadas "amplificadores" muestran temperaturas de entre...

a. ... 15 y 23 °C.
b. ... 36 y 45 °C.
c. ... 62 y 87 °C.
d. ... 96 y 110 °C.

3. En base a las indicaciones del Real Decreto 487/2022, de 21 de junio, sobre el programa de mantenimiento y revisión, se indica como necesario:

a. Describir las medidas preventivas a cumplir.
b. Designar responsabilidades.
c. El uso de biocidas categorizados como B+.
d. Las opciones a y b son correctas.

4. La frecuencia mínima de muestreo para las torres de refrigeración y condensadores evaporativos en base al análisis de *Legionella spp,* es:

a. Quincenal.
b. Mensual.
c. Trimestral.
d. Anual.

5. Llevado a cabo un tratamiento de limpieza y desinfección de una instalación con riesgo de *Legionela spp*, ¿cuánto tiempo deberá pasar para llevar a cabo un muestreo?

a. Como mínimo a los 15 - 30 días.
b. Un máximo de 12 horas.
c. Entre 6 y 9 meses.
d. A las 48 horas como máximo.

6. ¿Qué índice global marcará una instalación que tras su revisión ha dado como índice estructural 50, índice de mantenimiento 70 e índice de operación 30?

a. 50
b. 60
c. 70
d. 80

7. Para conocer la incidencia de *Legionella spp,* en un circuito, la toma de muestras se llevará a cabo

a. Con purga.
b. Sin purga.
c. Con agua a temperatura superior a 82 °C
d. Tras la aplicación de biocida en el circuito.

Identificación de los aspectos técnicos y puntos críticos a considerar

Contenido

1. Introducción
2. Valoración del riesgo en instalaciones susceptibles de proliferación de legionela que constituyen un riesgo emergente por su ubicación en espacios públicos (ej:humectadores)
3. Resumen

Objetivos

El objetivo general de esta Unidad de Aprendizaje es:

→ Distinguir los aspectos técnicos y puntos críticos en torno a la valoración del riesgo en las diferentes instalaciones susceptibles de proliferación de legionela.

Los objetivos específicos de esta Unidad de Aprendizaje son:

→ Enumerar los factores de riesgo específicos de cada una de las instalaciones susceptibles de proliferación de *Legionella*.

→ Evaluar el riesgo de una instalación susceptible de proliferación de *Legionella*.

→ Determinar el índice global mediante la evaluación de riesgos.

→ Determinar las acciones a considerar según los factores de riesgo detectados, diferenciando entre bajo, medio y alto.

1. Introducción

En el desarrollo de la unidad anterior se ha dado a conocer tanto la normativa vigente en torno al control y evaluación referidos al mantenimiento higiénico-sanitario en las instalaciones con riesgo de legionelosis, como la base necesaria en torno a las acciones a desarrollar para una correcta evaluación.

Ahora es necesario conocer los **aspectos técnicos y puntos críticos para la valoración de dicho riesgo,** siendo fundamental los referidos a la temperatura del agua, ya que la bacteria es capaz de multiplicarse entre los 20 y 45 °C, siendo el intervalo comprendido entre 35 y 37 el más propicio y destruyéndose a partir de los 70 °C.

Además de la temperatura, factores como la calidad del agua, su estancamiento, el tipo de superficie en contacto con el agua o la biocapa generada en la instalación, propiciarán o no las condiciones favorables para su proliferación.

Dada la importancia del control de este ente biológico, el Ministerio de Sanidad ha dado a conocer a través de su plataforma web las indicaciones pertinentes para su control, desarrollando a través de su **Guía técnica para la Prevención y Control de la legionelosis** un estudio completo a tenor de lo expuesto en el Real Decreto 487/2022, considerando además las normativas y órdenes complementarias a este, que servirán como apoyo en el desarrollo de este contenido.

Por ello, a continuación seguiremos apoyándonos en los hechos acontecidos en la empresa de prevención y mantenimiento Hermanos García Bravo para desarrollar los aspectos técnicos y puntos críticos a considerar para la valoración del riesgo en las instalaciones susceptibles de proliferación de legionela.

2. Valoración del riesgo en instalaciones susceptibles de proliferación de legionela que constituyen un riesgo emergente por su ubicación en espacios públicos (ej: humectadores)

☞ **HILO CONDUCTOR**

Un posible caso de legionelosis ha sido descrito en torno a las instalaciones de un centro deportivo. Para su estudio se ha desplazado hasta las instalaciones uno de los trabajadores de la empresa Hermanos García Bravo; en primer lugar, ha procedido a revisar la documentación relacionada con el programa de mantenimiento higiénico-sanitario aplicado hasta el momento, para a continuación, determinar mediante el índice global las determinaciones a adaptar.

Con el fin de llevar a cabo una evaluación correcta en torno a los aspectos técnicos y puntos críticos propios de las instalaciones susceptibles de proliferación de legionela, a continuación se indican las **premisas y valores asignados para dar a conocer el denominado Índice Global,** diferenciando en primer lugar entre las instalaciones de Agua Caliente Sanitaria (ACS) y las instalaciones de Agua Fría de Consumo (AFC), para a continuación describir las demás instalaciones referidas a dicho riesgo, como son las torres de refrigeración y condensadores evaporativos, las centrales humificadoras, los humectantes, las fuentes ornamentales, las instalaciones de riego por aspersión, etc., así como otras instalaciones que acumulen agua y puedan producir aerosoles.

✎ **IMPORTANTE**

El desarrollo de las tablas se basa en los principios expuestos en el Real Decreto 487/2022 por lo que se adjunta su enlace pudiendo acceder a las referencias que se harán posteriormente.

Continúa en página siguiente >>

<< Viene de página anterior

https://redirectoronline.com/legionella0200

Las tablas diseñadas para la evaluación de **las instalaciones de Agua Caliente Sanitaria (ACS)** presentan las siguientes especificaciones y controles:

EVALUACIÓN DEL RIESGO INSTALACIÓN ACS *LEGIONELLA*					
FACTORES DE RIESGO OPERACIÓN	**BAJO**	**MEDIO**		**ALTO**	
	Factor	*Factor*	*Acciones a considerar*	*Factor*	*Acciones a considerar*
Temperatura de consigna en el sistema	>60 °C en el acumulador.	>60 °C en el acumulador pero la temperatura medida en el acumulador desciende en horas de alto consumo.	Incrementar el punto de consigna en el sistema.	La temperatura de consigna es inferior a 60 °C o el sistema no tiene potencia para alcanzar más de 60 °C en el acumulador.	Incrementar el punto de consigna o aumentar la potencia calorífica del sistema.
Frecuencia de uso de las instalaciones	Las instalaciones se usan diariamente.	Las instalaciones se usan como mínimo semanalmente.	Aumentar frecuencia de uso. Dejar correr periódicamente el agua durante algunos minutos.	Las instalaciones se usan esporádicamente, con una frecuencia superior a una semana.	Aumentar frecuencia de uso. Dejar correr periódicamente el agua durante algunos minutos.
TOTAL: Índice Operación (IO)					

EVALUACIÓN DEL RIESGO INSTALACIÓN ACS LEGIONELA					
FACTORES DE RIESGO MANTENIMIENTO	**BAJO**	**MEDIO**		**ALTO**	
	Factor	*Factor*	*Acciones a considerar*	*Factor*	*Acciones a considerar*
Control de temperaturas en el acumulador final	Temperatura medida en el acumulador >60 °C en todo momento.	Temperatura medida en el acumulador >60 °C cuando el consumo es pequeño. La temperatura desciende de 60 °C en horas de alto consumo.	Incrementar el aislamiento de la instalación, y/o la potencia calorífica del sistema.	Temperatura medida en el acumulador <60 °C.	Incrementar el aislamiento de la instalación, y/o la potencia calorífica del sistema.
Control de temperaturas en elementos terminales retorno (después de 1 minuto de apertura del elemento terminal)	T >50 °C en todo momento.	Existen puntos en los que la temperatura desciende de 50 °C en momentos de alto consumo.	Incrementar el aislamiento de la instalación, y/o la potencia calorífica del sistema.	La temperatura de uno o varios elementos terminales, o del retorno es inferior a 50 °C.	Equilibrar el sistema hidráulicamente. Incrementar el aislamiento de la instalación, y/o la potencia calorífica del sistema.
Contaminación microbiológica	En los controles analíticos no aparece presencia de *Legionella spp.*	En los controles analíticos aparece: *Legionella spp* <1.000 Ufc/L.	Realizar limpieza y desinfección de choque y una nueva toma de muestras a los 15 días aprox.	En los controles analíticos aparece: *Legionella spp* ≥1.000 Ufc/L.	Realizar limpieza y desinfección según protocolo de brote y una nueva toma de muestras a los 15 días aprox.
Estado higiénico de la instalación	La instalación se encuentra limpia, sin biocapa.	La instalación presenta áreas de biocapa y suciedad no generalizada.	Realizar una limpieza de la instalación.	La instalación presenta biocapa y suciedad visible generalizada.	Realizar una limpieza y desinfección de choque de la instalación.

Continúa en página siguiente >>

<< Viene de página anterior

EVALUACIÓN DEL RIESGO INSTALACIÓN ACS LEGIONELA					
FACTORES DE RIESGO MANTENIMIENTO	**BAJO**	**MEDIO**		**ALTO**	
	Factor	Factor	Acciones a considerar	Factor	Acciones a considerar
Estado mecánico de la instalación	Buen estado de conservación. No se detecta presencia de corrosión ni Incrustaciones.	Algunos elementos de la instalación presentan corrosión y/o incrustaciones.	Sustituir, tratar y/o proteger los elementos con corrosión y/o incrustaciones. Verificar sistema de tratamiento y protección.	Mal estado general de conservación: Corrosión y/o incrustaciones generalizadas.	Sustituir o proteger los elementos afectados por corrosión y/o incrustaciones. Verificar sistema de tratamiento y protección. Añadir inhibidores de corrosión o utilizar materiales más resistentes a la corrosión o proteger correctamente.
TOTAL: Índice Mantenimiento (IM)					

EVALUACIÓN DEL RIESGO INSTALACIÓN ACS LEGIONELA					
FACTORES DE RIESGO ESTRUCTURAL	**BAJO**	**MEDIO**		**ALTO**	
	Factor	Factor	Acciones a considerar	Factor	Acciones a considerar
Depósito de Acumulación	No existe depósito acumulador.	Un único depósito con relación altura/diámetro >2 o varios conectados en serie.	No aplica. Es un factor de diseño, su impacto se paliará con medidas adicionales de prevención, o cuando se realicen cambios estructurales.	Un depósito con relación altura/diámetro <2 o varios depósitos conectados en paralelo.	Conectar los depósitos en serie.

Continúa en página siguiente >>

<< *Viene de página anterior*

EVALUACIÓN DEL RIESGO INSTALACIÓN ACS LEGIONELA					
FACTORES DE RIESGO ESTRUCTURAL	**BAJO**	**MEDIO**		**ALTO**	
	Factor	*Factor*	*Acciones a considerar*	*Factor*	*Acciones a considerar*
Accesibilidad a los depósitos	No existe depósito acumulador o existen depósitos con boca de registro suficiente y de acceso sencillo.	Depósitos con acceso dificultoso a su interior.	Mejorar acceso o sustituir los depósitos.	Depósitos sin acceso a su interior.	Disponer acceso o sustituir los depósitos.
Existencia de válvula de vaciado en los depósitos	Existe una válvula de vaciado en el depósito que permite vaciar todo su contenido.	Existe una válvula que no permite vaciar todo su contenido.	Instalar una válvula en el punto más bajo del depósito.	No existe ninguna válvula de vaciado del depósito.	Instalar una válvula en el punto más bajo del depósito.
Materiales - **Composición** - **Rugosidad** - **Corrosividad**	Materiales metálicos y plásticos que resistan la acción agresiva del agua y biocidas.	Hormigón Materiales metálicos y/o plásticos no resistentes a las condiciones del agua de la instalación.	Sustitución de materiales o protecciones adecuadas. Adición de inhibidores de corrosión.	Otros materiales en contacto con el agua que favorezcan el desarrollo de bacterias.	Sustitución de materiales.
Tipo de aerosolización - **Duchas** - **Otros sistemas**	Nivel bajo de aerosolización.	Nivel importante de aerosolización con gotas grandes que caen por gravedad.	Sustituir el sistema de aerosolización.	Nivel muy importante de aerosolización con gotas finas que son transportadas por el aire.	Sustituir el sistema de aerosolización.
Puntos de emisión de aerosoles	Puntos individuales aislados (<5 puntos).	Instalación con varios puntos de emisión (5 - 25 puntos).	Controlar la frecuencia de revisión según R. D. 487/2022.	Instalación con un gran número de puntos de emisión (>25 puntos).	Controlar la frecuencia de revisión según R. D. 487/2022.

Continúa en página siguiente >>

<< Viene de página anterior

EVALUACIÓN DEL RIESGO INSTALACIÓN ACS LEGIONELA					
FACTORES DE RIESGO ESTRUCTURAL	**BAJO**	**MEDIO**		**ALTO**	
	Factor	*Factor*	*Acciones a considerar*	*Factor*	*Acciones a considerar*
Válvulas de drenaje del circuito hidráulico	Existe una o varias válvulas de vaciado en el circuito que permiten vaciar todo su contenido en un corto periodo de tiempo (máximo aprox. 24 h).	Existe una o varias válvulas pero no permiten vaciar todo su contenido o su dimensionado impide el vaciado en un corto periodo de tiempo (máximo aprox. 24 h).	Instalar una o varias válvulas que permitan el vaciado completo del circuito y sus sedimentos.	No existe ninguna válvula de vaciado del circuito.	Instalar una o varias válvulas que permitan el vaciado completo del circuito y sus sedimentos.
Zonas o áreas donde el agua puede quedar estancada (incluyendo tramos de reserva)	Zonas de estancamiento mínimas (<1 m tubería).	Existen zonas donde el agua queda estancada. (1 - 5 m).	Purgar periódicamente las zonas dejando correr el agua algunos minutos.	Existen zonas donde el agua queda estancada y tramos que no se utilizan. (>5 m).	Purgar periódicamente las zonas dejando correr el agua algunos minutos. Anular los tramos no utilizados.
TOTAL: Índice Estructural (IE)					

Las tablas diseñadas para la evaluación de **instalaciones de Agua Fría de Consumo (AFC)** presentan las siguientes especificaciones y controles:

EVALUACIÓN DEL RIESGO INSTALACIÓN AFC LEGIONELA					
FACTORES DE RIESGO MANTENIMIENTO	**BAJO**	**MEDIO**		**ALTO**	
	Factor	*Factor*	*Acciones a considerar*	*Factor*	*Acciones a considerar*
Parámetros fisicoquímicos - Nivel de cloro residual libre	En los controles analíticos aparece cloro libre en puntos terminales >0,6 mg/l y existe depósito de acumulación o >0,2 mg/l (sin depósito) *(ajustar el valor de la concentración mínima de cloro residual en función el pH del agua según norma UNE 100030).*	En los controles analíticos aparece cloro libre en puntos terminales entre 0,2 y 0,6 mg/l (con depósito) o <0,2 (sin depósito) *(ajustar el valor de la concentración mínima de cloro residual en función del pH del agua según UNE 100030).*	Ajustar sistema de cloración del depósito o instalar un depósito con un sistema automático de recloración, que asegure un tiempo de contacto mínimo de 30 minutos.	En los controles analíticos aparece cloro libre en puntos terminales <0,2 mg/l y existe depósito de acumulación *(ajustar el valor de la concentración mínima de cloro residual en función del pH del agua según UNE 100030).*	Instalar una estación de cloración automática, dosificando sobre una recirculación del depósito, con un caudal del 20 % del volumen del depósito.
Contaminación microbiológica	En los controles analíticos no aparece *Legionella spp.*	En los controles analíticos aparece: *Legionella spp* <1.000 Ufc/L.	Realizar limpieza y desinfección de choque y una nueva toma de muestras a los 15 días aprox.	En los controles Analíticos aparece: *Legionella spp* ≥1.000 Ufc/L.	Realizar limpieza y desinfección según protocolo de brote y una nueva toma de muestras a los 15 días aprox.
Estado higiénico de la instalación	La instalación se encuentra limpia, sin biocapa.	La instalación presenta áreas de biocapa y suciedad no generalizada.	Realizar una limpieza de la instalación.	La instalación presenta biocapa y suciedad visible generalizada.	Realizar una limpieza y desinfección de choque de la instalación.
Estado mecánico de la instalación	Buen estado de conservación. No se detecta presencia de corrosión ni incrustaciones.	Algunos elementos de la instalación presentan corrosión y/o incrustaciones.	Sustituir, tratar y/o proteger los elementos con corrosión y/o incrustaciones. Verificar sistema de tratamiento.	Mal estado general de conservación: corrosión y/o incrustaciones generalizadas.	Sustituir o tratar los elementos con corrosión y/o incrustaciones. Verificar sistema de tratamiento. Añadir inhibidores de corrosión o utilizar materiales más resistentes a la corrosión.

Continúa en página siguiente >>

<< *Viene de página anterior*

EVALUACIÓN DEL RIESGO INSTALACIÓN AFC LEGIONELA					
FACTORES DE RIESGO MANTENIMIENTO	**BAJO**	**MEDIO**		**ALTO**	
	Factor	*Factor*	*Acciones a considerar*	*Factor*	*Acciones a considerar*
Estado del sistema de tratamiento del agua. - **Filtros** - **Tratamientos antiincrustación o anticorrosión.** - **Sistemas de desinfección**	La instalación dispone de un sistema de tratamiento adecuado funcionando correctamente o no requiere dicho sistema.	La instalación dispone de un sistema de tratamiento adecuado pero no funciona correctamente.	Revisar, reparar o sustituir el actual sistema de tratamiento.	La instalación requiere un sistema de tratamiento pero no dispone de él.	Instalar el sistema de tratamiento y desinfección.
TOTAL: Índice Mantenimiento (IM)					

EVALUACIÓN DEL RIESGO INSTALACIÓN AFC LEGIONELA					
FACTORES DE RIESGO ESTRUCTURAL	**BAJO**	**MEDIO**		**ALTO**	
	Factor	*Factor*	*Acciones a considerar*	*Factor*	*Acciones a considerar*
Depósito/ Aljibe de acumulación	No existe depósito de acumulación.	Existe depósito de acumulación con control y regulación del nivel de desinfectante residual.	Controlar la frecuencia revisión según R. D. 487/2022. Revisión del correcto funcionamiento de los equipos de tratamiento.	Existe depósito de acumulación sin control del nivel de desinfectante residual.	Instalar sistemas de regulación automáticos o eliminar los depósitos si no son necesarios.
Tipo de aerosolización - **Duchas** - **Otros sistemas**	Nivel bajo de aerosolización.	Nivel importante de aerosolización con gotas grandes que caen por gravedad.	Sustituir el sistema de aerosolización.	Nivel muy importante de aerosolización con gotas finas que son transportadas por el aire.	Sustituir el sistema de aerosolización.
Puntos de emisión de aerosoles	Puntos individuales aislados (<5 puntos).	Instalación con varios puntos de emisión (5 - 25 puntos).	Controlar la frecuencia de revisión según R. D. 487/2022.	Instalación con un gran número de puntos de emisión (>25 puntos).	Controlar la frecuencia de revisión según R. D. 487/2022.

Continúa en página siguiente >>

<< Viene de página anterior

EVALUACIÓN DEL RIESGO INSTALACIÓN AFC LEGIONELA					
FACTORES DE RIESGO ESTRUCTURAL	**BAJO**	**MEDIO**		**ALTO**	
	Factor	*Factor*	*Acciones a considerar*	*Factor*	*Acciones a considerar*
Ubicación de los depósitos y/o aljibes	Interior o aljibe bajo tierra.	Exterior pero protegido de la luz solar o aljibe a nivel del suelo.	Reubicar a una localización interior.	Exterior sin protección.	Proteger o reubicar a una localización interior.
Zonas o áreas donde el agua puede quedar estancada (incluyendo tramos de reserva)	Zonas de estancamiento mínimas (<1 m tubería).	Existen zonas donde el agua queda estancada. (1 - 5 m).	Purgar periódicamente las zonas dejando correr el agua algunos minutos.	Existen zonas donde el agua queda estancada y tramos que no se utilizan. (>5 m).	Purgar periódicamente las zonas dejando correr el agua algunos minutos. Anular los tramos no utilizados.
Frecuencia de renovación del depósito de acumulación (calcular con el vol. del aljibe, contando 200 l por persona y día)	No existen depósitos o se alcanza una renovación diaria (consumo diario corresponde al menos al volumen almacenado).	Renovación cada 3 días (el consumo diario corresponde a 1/3 del volumen almacenado).	Disminuir el volumen de almacenamiento.	Renovación superior a 3 días.	Disminuir volumen de almacenamiento.
TOTAL: Índice Estructural (IE)					

EVALUACIÓN DEL RIESGO INSTALACIÓN AFC LEGIONELA					
FACTORES DE RIESGO OPERACIÓN	**BAJO**	**MEDIO**		**ALTO**	
	Factor	*Factor*	*Acciones a considerar*	*Factor*	*Acciones a considerar*
Temperatura media del agua de aporte	<20 °C	20-25 °C	Mejorar las medidas de aislamiento de las tuberías.	>25 °C	Mejorar las medidas de aislamiento de las tuberías.
Temperatura media del agua en el sistema	<20 °C	20-25 °C	Mejorar las medidas de aislamiento de las tuberías.	>25 °C	Mejorar las medidas de aislamiento de las tuberías.

Continúa en página siguiente >>

<< *Viene de página anterior*

EVALUACIÓN DEL RIESGO INSTALACIÓN AFC LEGIONELA					
FACTORES DE RIESGO OPERACIÓN	**BAJO**	**MEDIO**		**ALTO**	
	Factor	*Factor*	*Acciones a considerar*	*Factor*	*Acciones a considerar*
Frecuencia de uso de los puntos finales de consumo	Los puntos finales de consumo se usan diariamente.	Los puntos finales de consumo se usan como mínimo semanalmente.	Aumentar frecuencia de uso. Dejar correr periódicamente el agua durante algunos minutos.	Los puntos finales de consumo se usan esporádicamente, con una frecuencia superior a una semana.	Aumentar frecuencia de uso. Dejar correr periódicamente el agua durante algunos minutos.
TOTAL: Índice Operación (IO)					

Cada uno de los índices presentados tiene asignados unos valores determinados atendiendo a la importancia en torno al riesgo que presenta, siendo válidos tanto para las instalaciones de Agua Caliente Sanitaria como para las instalaciones de Agua Fría de Consumo. Dichos valores corresponden a la siguiente imposición:

Riesgo operacional

Riesgo mantenimiento

Riesgo estructural

A continuación se presentan una serie de tablas con los valores asociados a cada riesgo:

Riesgo estructural	**Bajo**	**Medio**	**Alto**
Depósito de acumulación	0	8	16
Accesibilidad a los depósitos	0	5	10
Existencia de válvula de vaciado en los depósitos	0	6	12
Materiales	0	4	8
Tipo de pulverización	0	8	16

Continúa en página siguiente >>

<< *Viene de página anterior*

Riesgo estructural	Bajo	Medio	Alto
Puntos de emisión de aerosoles	0	5	10
Válvulas de drenaje del circuito hidráulico	0	6	12
Zonas o áreas donde el agua puede quedar estancada	0	8	16
TOTAL: Índice Estructural (IE)		**50**	**100**

Riesgo de mantenimiento	Bajo	Medio	Alto
Control de temperaturas en el acumulador final	0	11	22
Control de temperaturas en elementos terminales y retorno	0	11	22
Contaminación microbiológica	0	12	24
Estado higiénico de la instalación	0	8	16
Estado mecánico de la instalación	0	8	16
TOTAL: Índice Mantenimiento (IM)		**50**	**100**

Riesgo Operacional	Bajo	Medio	Alto
Temperatura de consigna en el sistema	0	30	60
Frecuencia de uso de las instalaciones	0	20	40
TOTAL: Índice Operacional (IO)		**50**	**100**

PARA SABER MÁS

Dada la importancia del control de la legionela, los organismos competentes ponen a disposición del usuario tanto datos referidos a su control como informes sobre su amenaza y proliferación. Puedes acceder al siguiente enlace en el que se presenta un informe detallado de la situación de la legionelosis en España, detallándose su evolución en los últimos años.

Continúa en página siguiente >>

<< *Viene de página anterior*

https://redirectoronline.com/legionella0105

TAREA 2

En el día de hoy te enfrentas a la evaluación de una instalación de ACS, observando las siguientes incidencias:

- La accesibilidad a los depósitos es dificultosa, no teniendo además instalada ninguna válvula de vaciado.
- Existen zonas donde el agua queda estancada.
- La medición de temperatura en el acumulador da como resultado 48 °C.
- Algunos elementos de la instalación presentan corrosión.

A partir de las premisas dadas, indica si se deberán o no tomar acciones al respecto. Al mismo tiempo, en el caso de que así fuera, ¿qué acciones se deberán llevar a cabo?

Determina las acciones a considerar según los factores de riesgo detectados, diferenciando entre bajo, medio y alto.

2.1. Valoración del riesgo en torres de refrigeración y condensadores evaporativos

La valoración del riesgo referida a las torres de refrigeración y condensadores evaporativos impone de forma generalizada la necesidad de llevar a cabo **como mínimo una revisión anual.** Esta debe realizarse por la consideración, al igual que en los casos anteriores, de factores como la puesta en marcha de la instalación por primera vez, la reparación o modificación estructural, o bien ante una revisión general aconsejada por la autoridad competente.

Dicha revisión se llevará a cabo por **personal cualificado,** diferenciando entre factores estructurales, factores de mantenimiento y factores de operación, asociados al funcionamiento de la instalación. A partir de este estudio, se obtendrá el denominado índice global, que indicará el procedimiento a establecer.

Las tablas diseñadas para la **evaluación del riesgo** de estas instalaciones presentan las siguientes especificaciones y controles:

EVALUACIÓN DEL RIESGO EN TORRES DE REFRIGERACIÓN Y CONDENSADORES EVAPORATIVOS					
FACTORES DE RIESGO ESTRUCTURAL	**BAJO**	**MEDIO**		**ALTO**	
	Factor	*Factor*	*Acciones a considerar*	*Factor*	*Acciones a considerar*
Procedencia del agua	Agua fría de consumo humano.	Captación propia tratada.	Controlar con la frecuencia indicada en la sección. Revisar el correcto funcionamiento de los equipos de tratamiento.	Captación propia no tratada. Procedentes de plantas de tratamiento de aguas residuales	Controlar con la frecuencia indicada la contaminación microbiológica e introducir equipos de tratamiento, como mínimo filtración y desinfección.
Agua estancada	El agua se mueve en tuberías y balsas constante o periódicamente de tal forma que el biocida accede a todos los puntos de la instalación.	Existen elementos que por características técnicas mantienen ocasionalmente el agua estancada. (Bombas de reserva, *by-pass*, etc.)	Establecer un programa de movimiento periódico del agua en dichos elementos. Se ha de garantizar el acceso del biocida a todos los puntos de la instalación.	Existen tramos muertos, depósitos o equipos en desuso, *by-pass*, etc. sin justificación técnica.	Eliminar dichos tramos.

Continúa en página siguiente >>

<< Viene de página anterior

EVALUACIÓN DEL RIESGO EN TORRES DE REFRIGERACIÓN Y CONDENSADORES EVAPORATIVOS					
FACTORES DE RIESGO ESTRUCTURAL	**BAJO**	**MEDIO**		**ALTO**	
	Factor	*Factor*	*Acciones a considerar*	*Factor*	*Acciones a considerar*
Materiales: - **Composición** - **Rugosidad** - **Corrosividad**	Materiales metálicos y plásticos que resistan la acción agresiva del agua y biocidas.	Hormigón. Materiales metálicos y plásticos no resistentes a las condiciones del agua de la instalación.	Sustitución de materiales o recubrimiento con materiales adecuados. Adición de inhibidores de corrosión.	Cuero. Madera. Celulosa. Otros materiales que favorezcan el desarrollo de bacterias.	Sustitución de materiales.
Tipo de aerosolización	Nivel bajo de aerosolización.	Nivel importante de aerosolización con gotas grandes que caen por gravedad.	Disponer de separador de gotas asegurando que cumple los requisitos del R. D. 487/2022 Anexo III Parte B-6	Nivel muy importante de aerosolización con gotas finas que son transportadas por el aire.	Disponer de separador de gotas asegurando que cumple los requisitos del R. D. 487/2022 Anexo III Parte B-6
Punto de emisión de aerosoles. Entorno cercano a la torre	Instalación totalmente aislada de elementos a proteger.	Existen elementos a proteger pero se hallan alejados del punto de emisión, o se dispone de barreras de protección.	Ajustar distancia según norma UNE 100030.	Próximo a elementos a proteger (tomas de aire exterior, ventanas, etc.)	Ajustar distancia según norma UNE 100030.
Condiciones atmosféricas - **Vientos** - **Humedad** - **Relativa** - **Temperaturas ambientales**	El efecto de las condiciones atmosféricas no es significativo. Se han tomado medidas paliativas apantallamiento, minimización de emisión, etc.).	Los vientos dominantes dirigen el aerosol a zonas de baja o media densidad de población.	Cuando sea posible cambiar la localización de la torre a sotavento. Si es imposible, tomar medidas de apantallamiento y/o minimización de la emisión.	Existencia de vientos dominantes que dirijan el aerosol a zonas de alta densidad de población o elementos a proteger.	Cambiar la localización de la torre a sotavento. Si es imposible, tomar medidas de apantallamiento y minimización de la emisión.

Continúa en página siguiente >>

<< Viene de página anterior

EVALUACIÓN DEL RIESGO EN TORRES DE REFRIGERACIÓN Y CONDENSADORES EVAPORATIVOS					
FACTORES DE RIESGO ESTRUCTURAL	**BAJO**	**MEDIO**		**ALTO**	
	Factor	*Factor*	*Acciones a considerar*	*Factor*	*Acciones a considerar*
Ubicación de la instalación	Zona alejada de áreas habitadas: rurales, industriales, etc.	Zona urbana de baja o media densidad de población.	No aplica. Este factor es una condición impuesta, su impacto se paliará con medidas adicionales de prevención.	Zona urbana de alta densidad. Zona con puntos de especial riesgo: hospitales, residencias de ancianos, etc.	No aplica. Este factor es una condición impuesta, su impacto se paliará con medidas adicionales de prevención.

EVALUACIÓN DEL RIESGO EN TORRES DE REFRIGERACIÓN Y CONDENSADORES EVAPORATIVOS					
FACTORES DE RIESGO MANTENIMIENTO	**BAJO**	**MEDIO**		**ALTO**	
	Factor	*Factor*	*Acciones a considerar*	*Factor*	*Acciones a considerar*
Parámetros fisicoquímicos	Cumple las especificaciones del Real Decreto 487/2022 ANEXO VII. Parte C. Tabla 6	No cumple algunas de las especificaciones del Real Decreto 487/2022 ANEXO VII. Parte C. Tabla 6	Repetir el ensayo. Adoptar acciones correctoras específicas según el parámetro.	No cumple las especificaciones del Real Decreto 487/2022. ANEXO VII. Parte C. Tabla 6	Revisar el programa de tratamiento del agua y adoptar acciones correctoras específicas para cada parámetro.
Contaminación microbiológica	En los controles analíticos aparece: Aerobios totales < 10.000 Ufc/ml o *Legionella spp* < 100 Ufc/L.	En los controles analíticos aparece: Aerobios totales 10.000 - 100.000 Ufc/ml o *Legionella spp* 100 - 1.000 Ufc/L.	Según Anexo IV, Parte C.2 del R. D. 487/2022	En los controles analíticos aparece: Aerobios totales > 100.000 Ufc/ml o *Legionella spp* > 1.000 Ufc/L.	Según Anexo IV, Parte C.2 del R. D. 487/2022

Continúa en página siguiente >>

<< *Viene de página anterior*

EVALUACIÓN DEL RIESGO EN TORRES DE REFRIGERACIÓN Y CONDENSADORES EVAPORATIVOS					
FACTORES DE RIESGO MANTENIMIENTO	**BAJO**	**MEDIO**		**ALTO**	
	Factor	*Factor*	*Acciones a considerar*	*Factor*	*Acciones a considerar*
Presencia de algas	No hay presencia de algas.	Presencia ligera de algas.	Eliminar las algas. Aplicar algicidas Proteger el agua de la radiación solar.	Presencia elevada de algas.	Eliminar las algas. Aplicar algicidas Proteger el agua de la radiación solar.
Estado higiénico de la instalación	La instalación no presenta lodos, biocapa, turbidez, etc.	La instalación presenta áreas de biocapa y suciedad no generalizada.	Realizar una limpieza de la instalación.	La instalación presenta biocapa y suciedad visible generalizada.	Realizar una limpieza y desinfección preventiva de la instalación. Según Anexo IV, Parte C.2 del R. D. 487/2022
Estado mecánico de la instalación	Buen estado de conservación. No se detecta presencia de corrosión ni incrustaciones.	Algunos elementos de la instalación presentan corrosión y/o incrustaciones.	Sustituir o tratar los elementos con corrosión y/o incrustaciones. Verificar sistema de tratamiento.	Mal estado general de conservación. Corrosión y/o incrustaciones generalizadas.	Sustituir o tratar los elementos con corrosión y/o incrustaciones. Verificar sistema de tratamiento. Añadir inhibidores de corrosión o utilizar materiales más resistentes a la corrosión.
Estado del sistema de tratamiento y desinfección	La instalación dispone de un sistema de tratamiento y desinfección adecuado, funcionando correctamente.	La instalación dispone de un sistema de tratamiento y desinfección adecuado, pero no funciona correctamente.	Revisar, reparar o sustituir el actual sistema de tratamiento.	La instalación no dispone de sistema de tratamiento y desinfección.	Instalar el sistema de tratamiento y desinfección.

EVALUACIÓN DEL RIESGO EN TORRES DE REFRIGERACIÓN Y CONDENSADORES EVAPORATIVOS					
FACTORES DE RIESGO OPERACIÓN	**BAJO**	**MEDIO**		**ALTO**	
	Factor	Factor	Acciones a considerar	Factor	Acciones a considerar
Temperatura del agua en balsa	<20 °C >50 °C	20 – <35 °C >37-50 °C	No aplica. Este factor es una condición impuesta, su impacto se paliará con medidas adicionales de prevención.	35-37 °C	No aplica. Este factor es una condición impuesta, su impacto se paliará con medidas adicionales de prevención.
Frecuencia de funcionamiento	La torre funciona en continuo o realiza recirculaciones de agua con biocida diarias.	La torre permanece parada por periodos inferiores a un mes.	Poner diariamente en marcha las bombas de recirculación junto con el sistema de dosificación de biocida, para asegurar la correcta distribución del biocida (recircular al menos 2 volúmenes de sistema).	La torre permanece parada por periodos superiores a un mes.	Limpiar y desinfectar antes de volver a poner en marcha. Si se desea rebajar el nivel de riesgo poner diariamente en marcha las bombas de recirculación junto con el sistema de dosificación de biocida, para asegurar la correcta distribución del biocida (recircular al menos 2 volúmenes de sistema).

Cada uno de los índices presentados tiene asignados unos **valores que permiten calcular el índice global,** atendiendo a la importancia en torno al riesgo que presenta. Dichos valores corresponden a la siguiente imposición:

ÍNDICE GLOBAL EN TORRES DE REFRIGERACIÓN Y CONDENSADORES EVAPORATIVOS

Riesgo estructural	Bajo	Medio	Alto
Procedencia del agua	0	8	16
Agua estancada	0	5	10
Materiales	0	4	8
Tipo de aerosolización	0	11	22
Punto de emisión de aerosoles. Entorno cercano a la torre	0	10	20
Condiciones atmosféricas	0	4	8
Ubicación de la instalación	0	8	16
TOTAL: Índice Estructural (IE)		50	100

Riesgo de mantenimiento	Bajo	Medio	Alto
Parámetros fisicoquímicos	0	8	16
Contaminación microbiológica	0	11	22
Presencia de algas	0	5	10
Estado higiénico de la instalación	0	11	22
Estado mecánico de la instalación	0	7	14
Estado del sistema de tratamiento y desinfección	0	8	16
TOTAL: Índice Mantenimiento (IM)		50	100

Riesgo de operación	Bajo	Medio	Alto
Temperatura del agua en balsa	0	20	40
Frecuencia de funcionamiento	0	30	60
TOTAL: Índice Operacional (IO)		50	100

 **RECUERDA**

El valor denominado índice global es el resultado de la siguiente ecuación:

$$0{,}3 \times (\text{Índice estructural}) + 0{,}6 \times (\text{Índice mantenimiento}) + 0{,}1 \times (\text{Índice operación})$$

Continúa en página siguiente >>

<< *Viene de página anterior*

Y habrá que tomar medidas, si es necesario, en función del resultado obtenido tras su cálculo.

 TAREA 3

Tras la revisión de una torre de refrigeración situada en el Edificio Redington se ha mostrado el siguiente informe:

- En los controles analíticos aparecen:

  - Aerobios totales <10000 Ufc/ml.
  - *Legionella spp* <100 Ufc/ml.

- No hay presencia de algas.
- La instalación no presenta lodos, biocapa o turbidez.

En base a estos datos, ¿qué medidas se deberán adoptar en torno a su mantenimiento? ¿Qué factor de riesgo supone?

Evalúa el riesgo de la instalación, enumerando los factores de riesgo específicos e indicando además qué otros datos se deberán tener presentes en la evaluación del riesgo de mantenimiento de este tipo de instalaciones.

2.2. Valoración del riesgo en Centrales Humidificadoras Industriales

La valoración del riesgo referida a las Centrales Humidificadores Industriales impone, de forma generalizada, la necesidad de llevar a cabo **como mínimo una revisión anual.** Esta debe realizarse por la consideración, al igual que en los casos anteriores, de factores como la puesta en marcha de la instalación por primera vez, la reparación o modificación estructural, o bien ante una revisión general aconsejada por la autoridad competente.

Dicha revisión se llevará a cabo por **personal cualificado,** diferenciando entre factores estructurales, factores de mantenimiento y factores de operación, asociados al funcionamiento de la instalación. A partir de este estudio, se obtendrá el denominado índice global, que indicará el procedimiento a establecer.

Las tablas diseñadas para la **evaluación del riesgo de estas instalaciones** presentan las siguientes especificaciones y controles:

EVALUACIÓN DEL RIESGO EN CENTRALES HUMIDIFICADORAS INDUSTRIALES					
FACTORES DE RIESGO ESTRUCTURAL	**BAJO**	**MEDIO**		**ALTO**	
	Factor	*Factor*	*Acciones a considerar*	*Factor*	*Acciones a considerar*
Procedencia del agua	Agua fría de consumo humano.	Captación propia tratada.	Controlar el correcto funcionamiento de los equipos del tratamiento.	Captación propia sin tratar.	Cambiar la captación. Tratar el agua de aporte.
Acumulación previa	Entrada directa de red sin acumulación previa.	Acumulación previa en depósito que se renueva totalmente en menos de 24 h.	Estudiar la viabilidad de no usar acumulación, o disminuir el tamaño del depósito.	Acumulación previa en depósito que NO se renueva totalmente en menos de 24 h.	Estudiar la viabilidad de no usar acumulación, o disminuir el tamaño del depósito.
Recirculación	Sistema sin recirculación.	Sistema con recirculación. El agua de recirculación se renueva totalmente en menos de 24 h.	Estudiar la viabilidad de usar sistemas sin recirculación, o disminuir el volumen del agua almacenada para recirculación.	Sistema con recirculación. El agua de recirculación NO se renueva totalmente en menos de 24 h.	Estudiar la viabilidad de usar sistemas sin recirculación, o disminuir el volumen de agua almacenada para recirculación.
Materiales	Materiales plásticos y metálicos que resistan la acción agresiva del agua y no favorezcan el desarrollo de microorganismos.	Hormigón y materiales metálicos que favorecen oquedades y productos de la corrosión en el agua circulante.	Sustitución o recubrimiento de materiales.	Celulosa y materiales que favorezcan el crecimiento fúngico y/o bacteriano.	Sustitución de materiales.
Sistema de retención de gotas	Existe un sistema de retención de gotas de alta eficacia.	Existe un sistema de retención de gotas de baja eficacia.	Instalar sistema de retención de gotas de alta eficacia.	No existe sistema de retención de gotas.	Instalar sistema de retención de gotas si es aplicable.

Continúa en página siguiente >>

[55]

<< Viene de página anterior

EVALUACIÓN DEL RIESGO EN CENTRALES HUMIDIFICADORAS INDUSTRIALES

FACTORES DE RIESGO ESTRUCTURAL	BAJO	MEDIO		ALTO	
	Factor	*Factor*	*Acciones a considerar*	*Factor*	*Acciones a considerar*
Longitud de los conductos de aire	Conductos de aire de impulsión de recorrido largo sin acumulación de gotas por decantación.	Conductos de aire de impulsión con recorrido largo con acumulación de gotas por decantación.	Evitar acumulaciones de agua.	Conductos de aire de impulsión con recorrido corto y con acumulación de gotas por decantación.	Evitar acumulaciones de agua.

EVALUACIÓN DEL RIESGO EN CENTRALES HUMIDIFICADORAS INDUSTRIALES

FACTORES DE RIESGO OPERACIÓN	BAJO	MEDIO		ALTO	
	Factor	*Factor*	*Acciones a considerar*	*Factor*	*Acciones a considerar*
Temperatura del agua de aporte	≤20 °C	>20 – <30 °C	Aislar correctamente las tuberías y/o aljibes.	≥30 °C	Aislar correctamente las tuberías y/o aljibes.
Temperatura del agua en el sistema	≤20 °C	>20 – <30 °C	Aumentar el régimen de purgas.	≥30 °C	Aumentar el régimen de purgas.
Tiempo de residencia del agua en el sistema	≤24 h	>24 – 48 h	Aumentar el régimen de purgas / vaciados.	≥48 h	Aumentar el régimen de purgas/ vaciados.

EVALUACIÓN DEL RIESGO EN CENTRALES HUMIDIFICADORAS INDUSTRIALES					
FACTORES DE RIESGO MANTENIMIENTO	**BAJO**	**MEDIO**		**ALTO**	
	Factor	*Factor*	*Acciones a considerar*	*Factor*	*Acciones a considerar*
Parámetros físicoquímicos	Valores de índice de Ryznar del agua circulante entre 5 y 7.	Valores de índice de Ryznar del agua circulante ≥4 <5 y >7 ≤8.	Realizar un tratamiento adecuado del agua. Utilización de agua de aporte diferente. Incremento de régimen de purgas.	Valores de índice de Ryznar del agua circulante <4 y >8.	Realizar un tratamiento adecuado del agua. Utilización de agua de aporte diferente. Incremento de régimen de purgas.
Parámetros microbiológicos *Legionella spp*	Ausencia.	100 – 1.000 Ufc/L.	Según criterio de valoración de resultados.	>1.000 Ufc/L.	Según criterio de valoración de resultados.
Parámetros microbiológicos Aerobios totales	<1.000 Ufc/ml.	1.000 – 10.000 Ufc/ml.	Según criterio de valoración de resultados.	>10.000 Ufc/ml.	Según criterio de valoración de resultados.
Estado higiénico de la instalación	Instalación limpia.	La instalación presenta áreas de biocapa y suciedad no generalizada.	Realizar una limpieza de la instalación.	La instalación presenta biocapa y suciedad visible generalizada.	Realizar una limpieza y desinfección de la instalación.
Estado mecánico de la instalación	Buen estado de conservación. Sin restos de corrosión ni incrustación.	Algunos elementos presentan corrosión y/o incrustación.	Realizar un tratamiento adecuado del agua. Sustituir los elementos con corrosión. Realizar desincrustación de las partes afectadas.	Mal estado general de conservación. Corrosión e incrustación generalizadas.	Realizar un tratamiento adecuado del agua. Sustituir elementos con corrosión. Utilizar materiales adecuados. Realizar desincrustación.

DEFINICIÓN

Índice de Ryznar (IR)

Dato que facilita el carácter corrosivo o incrustante de las aguas. Así, si el IR es superior a 7 el agua es corrosiva, por el contrario, si el IR es menor que seis, el agua será incrustante.

Cada uno de los índices presentados tiene asignados unos valores determinados que permitirán **calcular el índice global,** atendiendo a la importancia en torno al riesgo que presenta. Dichos valores corresponden a la siguiente imposición:

Riesgo estructural	Bajo	Medio	Alto
Procedencia del agua	0	10	20
Existencia de acumulación previa	0	6	12
Existencia de recirculación	0	13	26
Materiales	0	5	10
Sistema de retención de gotas	0	11	22
Conductos de aire	0	5	10
TOTAL: Índice Estructural (IE)		**50**	**100**

Riesgo de mantenimiento	Bajo	Medio	Alto
Parámetros fisicoquímicos	0	7	14
Parámetros microbiológicos *Legionella spp*	0	20	40
Parámetros microbiológicos Aerobios totales	0	8	16
Estado higiénico de la instalación	0	10	20
Estado mecánico de la instalación	0	5	10
TOTAL: Índice Mantenimiento (IM)		**50**	**100**

Riesgo de operación	Bajo	Medio	Alto
Temperatura del agua de aporte	0	10	20
Temperatura del agua en el sistema	0	20	40
Tiempo de residencia del agua en el sistema (la acumulación previa no se considera parte del sistema)	0	20	40
TOTAL: Índice Operacional (IO)		**50**	**100**

ÍNDICE GLOBAL EN CENTRALES HUMIDIFICADORAS INDUSTRIALES

TAREA 4

El estudio de una humificadora industrial, ha dado como dato en torno a su mantenimiento los siguientes resultados:

- Parámetros microbiológicos *Legionella spp* >1000 Ufc/L.
- La instalación presenta biocapa y suciedad visible generalizada.

En base a estos datos, ¿qué medidas se deberán adoptar en torno a su mantenimiento? ¿Qué factor de riesgo supone?

Evalúa el riesgo de la instalación, enumerando los factores de riesgo específicos e indicando además qué otros datos se deberán tener presentes en la evaluación del riesgo de mantenimiento de este tipo de instalaciones.

- -

2.3. Valoración del riesgo en sistemas de agua climatizada con agitación constante y recirculación a través de chorros de alta velocidad o la inyección de aire

La valoración del riesgo referida a los sistemas de agua climatizada con agitación constante y recirculación a través de chorros de alta velocidad o la inyección de aire, impone de forma generalizada la necesidad de llevar a cabo **como mínimo una revisión anual.** Esta debe realizarse por la consideración, al igual que en los casos anteriores, de factores como la puesta en marcha de la instalación por primera vez, la reparación o modificación estructural, o bien ante una revisión general aconsejada por la autoridad competente.

Dicha revisión se llevará a cabo por **personal cualificado,** diferenciando entre factores estructurales, factores de mantenimiento y factores de operación, asociados al funcionamiento de la instalación. A partir de este estudio, se obtendrá el denominado índice global, que indicará el procedimiento a establecer.

Las tablas diseñadas para la **evaluación del riesgo** de estas instalaciones presentan las siguientes especificaciones y controles:

EVALUACIÓN DEL RIESGO EN SISTEMAS DE AGUA CLIMATIZADA CON AGITACIÓN CONSTANTE Y RECIRCULACIÓN A TRAVÉS DE CHORROS DE ALTA VELOCIDAD O LA INYECCIÓN DE AIRE					
FACTORES DE RIESGO ESTRUCTURAL	**BAJO**	**MEDIO**		**ALTO**	
	Factor	*Factor*	*Acciones a considerar*	*Factor*	*Acciones a considerar*
Procedencia del agua	Agua fría de consumo humano.	Captación propia tratada.	Controlar con la frecuencia indicada *(ver anexo 1).*	Captación propia no tratada.	Instalar sistemas de desinfección o conectar a red pública de abastecimiento.
Zonas de acumulación o agua estancada	No existen zonas de acumulación ni de agua estancada.	Existen depósitos, bombas de reserva, *by-pass,* etc., donde ocasionalmente puede haber agua estancada.	Establecer un programa de actuación de movimiento periódico que haga llegar biocida a todos los puntos.	Existen zonas de estancamiento sin justificación técnica.	Eliminar dichas zonas o tramos.
Materiales	Materiales metálicos, plásticos y fibra de vidrio que resistan la acción agresiva del agua y biocidas.	Hormigón, madera y materiales metálicos y plásticos no resistentes a las condiciones del agua de la instalación.	Sustituir tales materiales o recubrirlos con materiales adecuados.	Cuero, celulosa u otros materiales que favorezcan el desarrollo de bacterias.	Sustitución de materiales.
Sistemas de Filtración	Filtros adecuados, con condiciones de operación adecuadas (velocidad de filtración, caudal, etc.).	Filtros adecuados, con condiciones de operación no adecuadas.	Modificar el sistema de filtración para que sus condiciones de operación sean adecuadas.	No existen filtros o no son adecuados.	Considerar su instalación, sustitución o posible corrección.
Accesibilidad a la instalación en cuanto a limpieza y tratamiento.	Las instalaciones son accesibles.	Ciertas dificultades de acceso para limpieza, reparaciones o tratamiento.	Mejorar la accesibilidad o ampliación local.	Imposibilidad de acceso a alguna parte crítica de la instalación para los fines señalados.	Realizar los cambios necesarios para conseguir buena accesibilidad.

EVALUACIÓN DEL RIESGO EN SISTEMAS DE AGUA CLIMATIZADA CON AGITACIÓN CONSTANTE Y RECIRCULACIÓN A TRAVÉS DE CHORROS DE ALTA VELOCIDAD O LA INYECCIÓN DE AIRE					
FACTORES DE RIESGO MANTENIMIENTO	**BAJO**	**MEDIO**		**ALTO**	
	Factor	*Factor*	*Acciones a considerar*	*Factor*	*Acciones a considerar*
Parámetros fisicoquímicos	Cumple las especificaciones (ver anexo 2).	No cumple algunas de las especificaciones (ver anexo 2), o el incumplimiento es puntual.	Repetir el ensayo. Adoptar acciones correctoras específicas según el parámetro.	No cumple ninguna de las especificaciones (ver anexo 2).	Revisar el programa de tratamiento del agua y adoptar acciones correctoras específicas para cada parámetro.
Contaminación microbiológica	En los controles analíticos aparece: - *Legionella spp* Ausencia. Otros parámetros microbiológicos por debajo de los valores establecidos en la normativa autonómica aplicable.	En los controles analíticos aparece: - *Legionella spp* ≤1.000 Ufc/L. Otros parámetros microbiológicos por encima de los valores establecidos en la normativa autonómica aplicable.	Tratamiento de desinfección según protocolo para caso de brote. Revisar el sistema de desinfección del agua.	En los controles analíticos aparece: - *Legionella spp* >1.000 Ufc/L.	Tratamiento de desinfección según protocolo para caso de brote. Revisar el sistema de desinfección del agua.
Estado higiénico de la instalación	La instalación se encuentra limpia y sin biocapa.	Se observa falta de limpieza y algún área de biocapa.	Realizar una limpieza detallada de la instalación.	Suciedad y biocapa claramente visibles y generalizados.	Limpieza a fondo y desinfección de choque.
Estado mecánico de la instalación	La instalación presenta un buen estado de conservación. Sin corrosión ni incrustaciones.	Algunos elementos o zonas presentan corrosión y/o incrustaciones.	Sustituir o tratar los elementos o zonas con corrosión y/o incrustaciones.	Conservación en mal estado: corrosión y/o incrustaciones generalizadas.	Sustituir o tratar zonas y elementos afectados. Utilizar materiales más resistentes.
Estado del sistema de tratamiento y desinfección (filtros, dosificadores, etc.)	El sistema es adecuado y funciona correctamente	El sistema es adecuado pero no funciona correctamente	Revisar, reparar o sustituir el sistema.	El sistema no es adecuado.	Mejorarlo o sustituir las partes necesarias para hacerlo útil.

EVALUACIÓN DEL RIESGO EN SISTEMAS DE AGUA CLIMATIZADA CON AGITACIÓN CONSTANTE Y RECIRCULACIÓN A TRAVÉS DE CHORROS DE ALTA VELOCIDAD O LA INYECCIÓN DE AIRE					
FACTORES DE RIESGO OPERACIÓN	**BAJO**	**MEDIO**		**ALTO**	
	Factor	*Factor*	*Acciones a considerar*	*Factor*	*Acciones a considerar*
Temperatura del agua del sistema	Obtención del agua de aporte por mezcla de agua calentada a más de 60 °C con agua fría.	Sin precalentamiento a 60 °C, manteniendo la temperatura dentro de los siguientes intervalos: 28 °C - 35 °C o 40 °C - 45 °C.	Instalar un sistema de precalentamiento por encima de 60 °C.	Sin precalentamiento a 60 °C y con temperatura de 36 °C - 39 °C.	Instalar un sistema de precalentamiento por encima de 60 °C. Si este intervalo no corresponde a prescripción facultativa procurar evitarlo.
Tipo de pulverización	Nivel bajo de aerosolización.	Nivel importante de aerosolización con gotas grandes que caen por gravedad.	Ajustar acceso aire y/o inyección de agua para disminuir nivel de pulverización.	Nivel muy importante de aerosolización con gotas finas que son transportadas por el aire.	Ajustar acceso aire y/o inyección de agua para disminuir nivel de pulverización.
Nivel de ocupación	Ocupación baja. Por debajo del 50 % del aforo máximo.	Ocupación media. Entre el 50 % y el 75 % del aforo máximo.	No aplicable.	Ocupación alta. Mayor del 75 % del aforo máximo.	No aplicable.

Cada uno de los índices presentados tiene asignados unos **valores determinados para el cálculo del índice global,** atendiendo a la importancia en torno al riesgo que presenta. Dichos valores corresponden a la siguiente imposición:

Riesgo estructural	**Bajo**	**Medio**	**Alto**
Procedencia del agua	0	8	16
Zonas de acumulación o agua estancada	0	8	16
Materiales	0	6	12
Sistemas de filtración	0	18	36
Accesibilidad a la instalación en cuanto a limpieza y tratamiento	0	10	20
TOTAL: Índice Estructural (IE)		**50**	**100**

Riesgo de mantenimiento	**Bajo**	**Medio**	**Alto**
Parámetros fisicoquímicos	0	8	16
Contaminación microbiológica	0	13	26
Estado higiénico de la instalación	0	11	22
Estado mecánico de la instalación	0	7	14
Estado del sistema de tratamiento y desinfección (filtros, dosificadores, etc.)	0	11	22
TOTAL: Índice Mantenimiento (IM)		**50**	**100**

Riesgo de operación	**Bajo**	**Medio**	**Alto**
Temperatura del agua del sistema	0	16	32
Tipo de pulverización	0	18	36
Nivel de ocupación	0	16	32
TOTAL: Índice Operacional (IO)		**50**	**100**

(Columna lateral: ÍNDICE GLOBAL EN SISTEMAS DE AGUA CLIMATIZADA CON AGITACIÓN CONSTANTE Y RECIRCULACIÓN A TRAVÉS DE CHORROS DE ALTA VELOCIDAD O LA INYECCIÓN DE AIRE)

TAREA 5

Previa a la puesta en marcha de los sistemas de agua climatizada con agitación constante y recirculación a través de chorros de alta velocidad dispuestos en la industria de procesados Marconi, solicitan una revisión completa a tu empresa.

¿Qué datos de referencia se deberán contemplar para asegurar que la instalación no presenta ningún tipo de riesgo?

2.4. Valoración del riesgo de los equipos de enfriamiento evaporativo

La valoración del riesgo referida a los sistemas de agua climatizada con agitación constante y recirculación a través de chorros de alta velocidad o la inyección de aire, impone de forma generalizada la necesidad de llevar a cabo **como mínimo una revisión anual.** Esta debe realizarse por la consideración, al igual que en los casos anteriores, de factores como la puesta en marcha de la instalación por primera vez, la reparación o modificación estructural, o bien ante una revisión general aconsejada por la autoridad competente.

Dicha revisión se llevará a cabo por **personal cualificado,** diferenciando entre factores estructurales, factores de mantenimiento y factores de operación, asociados al funcionamiento de la instalación. A partir de este estudio, se obtendrá el denominado índice global, que indicará el procedimiento a establecer.

Las tablas diseñadas para la **evaluación del riesgo** de estas instalaciones presentan las siguientes especificaciones y controles:

EVALUACIÓN DEL RIESGO DE EQUIPOS DE ENFRIAMIENTO EVAPORATIVO					
FACTORES DE RIESGO ESTRUCTURAL	**BAJO**	**MEDIO**		**ALTO**	
	Factor	Factor	Acciones a considerar	Factor	Acciones a considerar
Procedencia del agua	Agua fría de consumo humano.	Captación propia tratada.	Controlar el correcto funcionamiento de los equipos del tratamiento.	Captación propia sin tratar.	Cambiar la captación. Tratar el agua de aporte.
Acumulación previa	Entrada directa de red sin acumulación previa.	Acumulación previa en depósito que se renueva totalmente en menos de 24 h.	Estudiar la viabilidad de no usar acumulación, o disminuir el tamaño del depósito.	Acumulación previa en depósito que no se renueva totalmente en menos de 24 h.	Estudiar la viabilidad de no usar acumulación, o disminuir el tamaño del depósito.

Continúa en página siguiente >>

<< *Viene de página anterior*

EVALUACIÓN DEL RIESGO DE EQUIPOS DE ENFRIAMIENTO EVAPORATIVO					
FACTORES DE RIESGO ESTRUCTURAL	**BAJO**	**MEDIO**		**ALTO**	
	Factor	*Factor*	*Acciones a considerar*	*Factor*	*Acciones a considerar*
Materiales	Materiales plásticos y metálicos o similares que resistan la acción agresiva del agua y no favorezcan el desarrollo de microorganismos.	Materiales orgánicos que pueden favorecer el desarrollo de microorganismos pero que han sido tratados o seleccionados para prevenir el crecimiento microbiano.	Sustitución de materiales.	Celulosa y/o materiales sin tratar que favorezcan el crecimiento fúngico y/o bacteriano.	Sustitución de materiales.
Longitud de los conductos de aire	Conductos de aire de impulsión de recorrido largo (>4 m).	Conductos de aire de impulsión con recorrido medio (2-4 m).	No aplica.	Conductos de aire de impulsión con recorrido corto (<2 m).	No aplica.

EVALUACIÓN DEL RIESGO DE EQUIPOS DE ENFRIAMIENTO EVAPORATIVO					
FACTORES DE RIESGO OPERACIÓN	**BAJO**	**MEDIO**		**ALTO**	
	Factor	*Factor*	*Acciones a considerar*	*Factor*	*Acciones a considerar*
Temperatura del agua de aporte	<20 °C	20-30 °C	Aislar correctamente las tuberías y/o aljibes.	>30 °C	Aislar correctamente las tuberías y/o aljibes.
Temperatura del agua en el sistema	<20 °C	20-30 °C	Aumentar el régimen de purgas.	>30 °C	Aumentar el régimen de purgas.
Tiempo de residencia del agua en la balsa del equipo	<8 h	8-24 h	Aumentar el régimen de purgas/ vaciados.	>24 h	Aumentar el régimen de purgas/ vaciados.

EVALUACIÓN DEL RIESGO DE EQUIPOS DE ENFRIAMIENTO EVAPORATIVO					
FACTORES DE RIESGO MANTENIMIENTO	**BAJO**	**MEDIO**		**ALTO**	
	Factor	*Factor*	*Acciones a considerar*	*Factor*	*Acciones a considerar*
Parámetros físicoquímicos	Valores de índice de Ryznar del agua circulante entre 5 y 7.	Valores de índice de Ryznar del agua circulante ≥4 <5 y >7 ≤8.	Realizar un tratamiento adecuado del agua. Utilización de agua de aporte diferente. Incremento de régimen de purgas.	Valores de índice de Ryznar del agua circulante <4 y >8.	Realizar un tratamiento adecuado del agua. Utilización de agua de aporte diferente. Incremento de régimen de purgas.
Parámetros microbiológicos *Legionella spp*	Ausencia.	100 – 1.000 Ufc/L	Según tabla (ver anexo 3).	> 1.000 Ufc/L	Según tabla (ver anexo 3)
Parámetros microbiológicos Aerobios totales — Pulverizado	< 1.000 Ufc/ml	1.000 – 10.000 Ufc/ml	Según criterio de valoración de resultados.	>10.000 Ufc/ml	Según apartado 4.3.5 Criterio de valoración de resultados.
Parámetros microbiológicos Aerobios totales — Superficie húmeda	< 10.000 Ufc/ml	10.000 - 100.000 Ufc/ml		>100.000 Ufc/ml	
Estado higiénico de la instalación	Instalación limpia.	La instalación presenta áreas de biocapa y suciedad no generalizada.	Realizar una limpieza de la instalación.	La instalación presenta biocapa y suciedad visible generalizada.	Realizar una limpieza y desinfección de la instalación.
Estado mecánico de la instalación	Buen estado de conservación. Sin restos de corrosión ni incrustación. Relleno en buen estado.	Algunos elementos presentan corrosión y/o incrustación. Roturas u obstrucciones ligeras en el relleno.	Realizar un tratamiento adecuado del agua. Sustituir los elementos con corrosión. Realizar desincrustación de las partes afectadas. Limpiar o sustituir el relleno.	Mal estado general de conservación. Corrosión e incrustación generalizadas. Roturas u obstrucciones generalizadas en el relleno.	Realizar un tratamiento adecuado del agua. Sustituir elementos con corrosión. Utilizar materiales adecuados. Realizar desincrustación. Limpiar o sustituir el relleno.

Cada uno de los índices presentados tiene asignados unos **valores determinados para el cálculo del índice global,** atendiendo a la importancia en torno al riesgo que presenta. Dichos valores corresponden a la siguiente imposición:

ÍNDICE GLOBAL EQUIPOS DE ENFRIAMIENTO EVAPORATIVO

Riesgo estructural	Bajo	Medio	Alto
Procedencia del agua	0	14	28
Acumulación previa	0	10	20
Materiales	0	17	34
Longitud de los conductos de aire	0	9	18
TOTAL: Índice Estructural (IE)		50	100

Riesgo de mantenimiento	Bajo	Medio	Alto
Parámetros fisicoquímicos	0	5	10
Parámetros microbiológicos *Legionella spp*	0	20	40
Parámetros microbiológicos Aerobios totales	0	8	16
Estado higiénico de la instalación	0	9	18
Estado mecánico de la instalación	0	8	16
TOTAL: Índice Mantenimiento (IM)		50	100

Riesgo de operación	Bajo	Medio	Alto
Temperatura del agua de aporte	0	10	20
Temperatura del agua en el sistema	0	20	40
Tiempo de residencia del agua en la balsa del equipo	0	20	40
TOTAL: Índice Operacional (IO)		50	100

2.5. Valoración del riesgo de los humectadores

☞ **HILO CONDUCTOR**

Hoy se ha conocido la evaluación de riesgo de los humectadores instalados en la empresa cárnica Hermanos Gutiérrez, una de las empresas en las que la empresa de mantenimiento Hermanos García Bravo lleva el mantenimiento. El resultado obtenido está por debajo de 60, por lo que no se tienen que tomar

Continúa en página siguiente >>

<< Viene de página anterior

medidas urgentes, simplemente, se tendrá que seguir con el mantenimiento establecido hasta ahora, a no ser que surja alguna incidencia o así lo indique la autoridad competente.

- -

La valoración del riesgo referida a los humectadores impone de forma generalizada la necesidad de llevar a cabo **como mínimo una revisión anual.** Esta debe realizarse por la consideración, al igual que en los casos anteriores, de factores como la puesta en marcha de la instalación por primera vez, la reparación o modificación estructural, o bien ante una revisión general aconsejada por la autoridad competente.

Dicha revisión se llevará a cabo por **personal cualificado,** diferenciando entre factores estructurales, factores de mantenimiento y factores de operación, asociados al funcionamiento de la instalación. A partir de este estudio, se obtendrá el denominado índice global, que indicará el procedimiento a establecer.

Las tablas diseñadas para la **evaluación del riesgo** de estas instalaciones presentan las siguientes especificaciones y controles:

EVALUACIÓN DEL RIESGO EN HUMECTADORES					
FACTORES DE RIESGO ESTRUCTURAL	**BAJO**	**MEDIO**		**ALTO**	
	Factor	*Factor*	*Acciones a considerar*	*Factor*	*Acciones a considerar*
Procedencia del agua	Agua fría de consumo humano.	Captación propia tratada.	Controlar el correcto funcionamiento de los equipos del tratamiento.	Captación propia sin tratar.	Cambiar la captación. Tratar el agua de aporte.
Acumulación previa	Entrada directa de red sin acumulación previa.	Acumulación previa en depósito que se renueva totalmente en menos de 24 h.	Estudiar la viabilidad de no usar acumulación, o disminuir el tamaño del depósito.	Acumulación previa en depósito que no se renueva totalmente en menos de 24 h.	Estudiar la viabilidad de no usar acumulación, o disminuir el tamaño del depósito.

Continúa en página siguiente >>

<< Viene de página anterior

EVALUACIÓN DEL RIESGO EN HUMECTADORES					
FACTORES DE RIESGO ESTRUCTURAL	**BAJO**	**MEDIO**		**ALTO**	
	Factor	*Factor*	*Acciones a considerar*	*Factor*	*Acciones a considerar*
Recirculación	Sistema sin recirculación.	Sistema con recirculación. El agua de recirculación se renueva totalmente en menos de 24 h.	Estudiar la viabilidad de usar sistema sin recirculación, o disminuir el volumen del agua almacenada para recirculación.	Sistema con recirculación. El agua de recirculación no se renueva totalmente en menos de 24 h.	Estudiar la viabilidad de usar sistemas sin recirculación, o disminuir el volumen de agua almacenada para recirculación.
Materiales	Materiales plásticos y metálicos que resistan la acción agresiva del agua y no favorezcan el desarrollo de microorganismos.	Hormigón y materiales metálicos que favorecen oquedades y productos de la corrosión en el agua circulante.	Sustitución y recubrimiento de materiales.	Celulosa y materiales que favorezcan el crecimiento fúngico y/o bacteriano.	Sustitución de materiales.
Separador de gotas	Existe un separador de gotas de alta eficacia.	Existe un separador de gotas de baja eficacia.	Instalar sistema de retención de gotas de alta eficacia.	No existe separador de gotas. Esta es la situación habitual para instalaciones de emisión directa a local.	Instalar separador de gotas si es aplicable.
Longitud de los conductos de aire	Conductos de aire de impulsión de recorrido largo sin acumulación de gotas por decantación.	Conductos de aire de impulsión con recorrido largo con acumulación de gotas por decantación.	Evitar acumulaciones de agua.	Conductos de aire de impulsión con recorrido corto o no existente y con acumulación de gotas por decantación.	Evitar acumulaciones de agua.

EVALUACIÓN DEL RIESGO EN HUMECTADORES					
FACTORES DE RIESGO MANTENIMIENTO	**BAJO**	**MEDIO**		**ALTO**	
	Factor	*Factor*	*Acciones a considerar*	*Factor*	*Acciones a considerar*
Tratamientos de desinfección	Existen tratamientos desinfectantes funcionando correctamente.	Existen tratamientos desinfectantes pero no funcionan correctamente.	Realizar un tratamiento adecuado del agua.	No se emplean tratamientos desinfectantes.	Realizar un tratamiento adecuado del agua.
Parámetros microbiológicos *Legionella spp*	Ausencia.	100 – 1.000 Ufc/L	Según criterio de valoración de resultados.	>1.000 Ufc/L	Según criterio de valoración de resultados.
Parámetros microbiológicos Aerobios totales	<10.000 Ufc/ml	10.000 – 100.000 Ufc/ml	Según criterio de valoración de resultados.	>100.000 Ufc/ml	Según criterio de valoración de resultados.
Estado higiénico de la instalación	Instalación limpia.	La instalación presenta áreas de biocapa y suciedad no generalizada.	Realizar una limpieza de la instalación.	La instalación presenta biocapa y suciedad visible generalizada.	Realizar una limpieza y desinfección de la instalación.
Estado mecánico de la instalación	Buen estado de conservación. Sin restos de corrosión ni incrustación.	Algunos elementos presentan corrosión y/o incrustación.	Realizar un tratamiento adecuado del agua. Sustituir los elementos con corrosión. Realizar desincrustación de las partes afectadas.	Mal estado general de conservación. Corrosión e incrustación generalizadas.	Realizar un tratamiento adecuado del agua. Sustituir elementos con corrosión. Utilizar materiales adecuados. Realizar desincrustación.

EVALUACIÓN DEL RIESGO EN HUMECTADORES					
FACTORES DE RIESGO OPERACIONAL	**BAJO**	**MEDIO**		**ALTO**	
	Factor	*Factor*	*Acciones a considerar*	*Factor*	*Acciones a considerar*
Temperatura del agua de aporte	≤20 °C	>20 – <30 °C	Aislar correctamente las tuberías y/o aljibes.	≥30 °C	Aislar correctamente las tuberías y/o aljibes.

Continúa en página siguiente >>

<< Viene de página anterior

EVALUACIÓN DEL RIESGO EN HUMECTADORES					
FACTORES DE RIESGO OPERACIONAL	**BAJO**	**MEDIO**		**ALTO**	
	Factor	*Factor*	*Acciones a considerar*	*Factor*	*Acciones a considerar*
Temperatura del agua en el sistema	≤20 °C	>20 – <30 °C	Aumentar el régimen de purgas.	≥30 °C	Aumentar el régimen de purgas.
Tiempo de residencia del agua en el sistema	≤24 h	>24 - 48 h	Aumentar el régimen de purgas/ vaciados.	≥48 h	Aumentar el régimen de purgas/ vaciados.

Cada uno de los índices presentados tiene asignados unos **valores determinados para el cálculo del índice global,** atendiendo a la importancia en torno al riesgo que presenta. Dichos valores corresponden a la siguiente imposición:

	Riesgo estructural	**Bajo**	**Medio**	**Alto**
ÍNDICE GLOBAL EN HUMECTADORES	Procedencia del agua	0	10	20
	Existencia de acumulación previa	0	6	12
	Existencia de recirculación	0	13	26
	Materiales	0	5	10
	Sistema de retención de gotas	0	11	22
	Conductos de aire	0	5	10
	TOTAL: Índice Estructural (IE)		**50**	**100**

Continúa en página siguiente >>

<< Viene de página anterior

ÍNDICE GLOBAL EN HUMECTADORES

Riesgo de mantenimiento	Bajo	Medio	Alto
Tratamientos de desinfección	0	7	14
Parámetros microbiológicos *Legionella spp*	0	20	40
Parámetros microbiológicos Aerobios totales	0	8	16
Estado higiénico de la instalación	0	10	20
Estado mecánico de la instalación	0	5	10
TOTAL: Índice Mantenimiento (IM)		**50**	**100**

Riesgo de operación	Bajo	Medio	Alto
Temperatura del agua de aporte	0	10	20
Temperatura del agua en el sistema	0	20	40
Tiempo de residencia del agua en el sistema (la acumulación previa no se considera parte del sistema)	0	20	40
TOTAL: Índice Operacional (IO)		**50**	**100**

2.6. Valoración del riesgo de las fuentes ornamentales

La valoración del riesgo referida a las fuentes ornamentales impone de forma generalizada la necesidad de llevar a cabo **como mínimo una revisión anual.** Esta debe realizarse por la consideración, al igual que en los casos anteriores, de factores como la puesta en marcha de la instalación por primera vez, la reparación o modificación estructural, o bien ante una revisión general aconsejada por la autoridad competente.

Dicha revisión se llevará a cabo por **personal cualificado,** diferenciando entre factores estructurales, factores de mantenimiento y factores de operación, asociados al funcionamiento de la instalación. A partir de este estudio, se obtendrá el denominado índice global, que indicará el procedimiento a establecer.

Las tablas diseñadas para la **evaluación del riesgo** de estas instalaciones presentan las siguientes especificaciones y controles:

EVALUACIÓN DEL RIESGO EN FUENTES ORNAMENTALES					
FACTORES DE RIESGO OPERACIÓN	**BAJO**	**MEDIO**		**ALTO**	
	Factor	Factor	Acciones a considerar	Factor	Acciones a considerar
Temperatura media del agua de aporte	<20 °C	20-30 °C	Mejorar las medidas de aislamiento de las tuberías.	>30 °C	Mejorar las medidas de aislamiento de las tuberías.
Temperatura media del agua en el sistema	<20 °C	20-30 °C	Aumentar la frecuencia de renovación del agua de aporte.	>30 °C	Aumentar la frecuencia de renovación del agua de aporte.
Frecuencia de renovación	Existe una renovación constante del agua del circuito. Todo el volumen de agua se renueva como mínimo cada 15 días.	Existe una renovación parcial del volumen de agua. Todo el volumen se renueva en un tiempo superior a 15 días pero inferior a un mes.	Aumentar la frecuencia de renovación.	No existe renovación significativa del volumen de agua, o es superior a un mes.	Aumentar la frecuencia de renovación.
Sistema de filtración	El filtro dispone de lavado automático o se realiza de forma manual con una periodicidad mínima semanal.	El lavado del filtro se realiza de forma manual con una periodicidad mínima mensual.	Aumentar la frecuencia de lavado del filtro. Automatizar el lavado.	El lavado del filtro se realiza de forma manual con una periodicidad superior a un mes. No existe sistema de filtración.	Aumentar la frecuencia de lavado del filtro. Automatizar el lavado. Instalar filtro cuando sea aplicable.

EVALUACIÓN DEL RIESGO EN FUENTES ORNAMENTALES					
FACTORES DE RIESGO MANTENIMIENTO	**BAJO**	**MEDIO**		**ALTO**	
	Factor	Factor	Acciones a considerar	Factor	Acciones a considerar
Parámetros fisicoquímicos - Nivel de biocida	El nivel de biocida se controla en forma automática o con una periodicidad como mínimo semanal.	Se adiciona un biocida pero su concentración se controla con una periodicidad mínima mensual.	Aumentar la frecuencia de control de biocida.	No se adiciona biocida o este se controla con una periodicidad superior a un mes.	Adicionar biocida. Aumentar la frecuencia de control de biocida.

Continúa en página siguiente >>

<< *Viene de página anterior*

EVALUACIÓN DEL RIESGO EN FUENTES ORNAMENTALES					
FACTORES DE RIESGO MANTENIMIENTO	**BAJO**	**MEDIO**		**ALTO**	
	Factor	*Factor*	*Acciones a considerar*	*Factor*	*Acciones a considerar*
Contaminación microbiológica	En los controles analíticos aparecen: - Aerobios totales <100.000 Ufc/ml y - *Legionella spp* <1.000 Ufc/L	En los controles analíticos aparecen: - Aerobios totales >100.000 Ufc/ml o - *Legionella spp* ≥1.000 Ufc/L <10.000 Ufc/L	Según tabla (ver anexo 4).	En los controles analíticos aparece: - *Legionella spp* >10.000 Ufc/L.	Según tabla (ver anexo 4).
Estado higiénico de la instalación	La instalación no presenta lodos, biocapa, turbidez, etc.	La instalación presenta áreas de biocapa y suciedad no generalizada.	Realizar una limpieza de la instalación.	La instalación presenta áreas de biocapa y suciedad visible generalizada.	Realizar una limpieza y desinfección preventiva de la instalación.
Estado mecánico de la instalación	Buen estado de conservación. No se detecta presencia de corrosión ni incrustaciones.	Algunos elementos de la instalación presentan corrosión y/o incrustaciones.	Sustituir o tratar los elementos con corrosión y/o incrustaciones. Verificar sistema de tratamiento.	Mal estado general de conservación. Corrosión y/o incrustaciones generalizadas	Sustituir o tratar los elementos con corrosión y/o incrustaciones. Verificar sistema de tratamiento. Añadir inhibidores de corrosión o utilizar materiales más resistentes a la corrosión.
Estado del sistema de tratamiento y desinfección	La instalación dispone de un sistema de tratamiento y desinfección adecuado funcionando correctamente.	La instalación dispone de un sistema de tratamiento y desinfección adecuado pero no funciona correctamente.	Revisar, reparar o sustituir el actual sistema de tratamiento.	La instalación no dispone de sistema de tratamiento y desinfección.	Instalar el sistema de tratamiento y desinfección.

EVALUACIÓN DEL RIESGO EN FUENTES ORNAMENTALES					
FACTORES DE RIESGO ESTRUCTURAL	**BAJO**	**MEDIO**		**ALTO**	
	Factor	*Factor*	*Acciones a considerar*	*Factor*	*Acciones a considerar*
Procedencia del agua	Red de distribución pública.	Captación propia tratada.	Controlar con la frecuencia indicada *(ver anexo 5).*	Captación propia no tratada.	Controlar con la frecuencia indicada la contaminación microbiológica y en caso necesario introducir equipos de tratamiento (al menos filtración y desinfección).
Materiales: - **Composición** - **Rugosidad** - **Corrosividad**	Materiales metálicos y plásticos que resistan la acción agresiva del agua y biocidas.	Hormigón. Materiales metálicos y plásticos no resistentes a las condiciones del agua de la instalación o a la acción de los biocidas.	Sustitución de materiales o recubrimiento con materiales adecuados. Adición de inhibidores de corrosión.	Cuero. Madera. Celulosa. Otros materiales que favorezcan el desarrollo de bacterias.	Sustitución de materiales. En caso necesario introducir equipos de tratamiento.
Tipo de aerosolización	Nivel bajo de aerosolización.	Nivel importante de aerosolización con gotas grandes que caen por gravedad.	Sustituir el sistema de aerosolización.	Nivel muy importante de aerosolización con gotas finas que son transportadas por el aire.	Sustituir el sistema de aerosolización.
Punto de emisión de aerosoles	Instalación totalmente aislada de elementos a proteger o zonas de tránsito de personas.	Existen elementos a proteger pero se hallan suficientemente alejados del punto de emisión.	Instalar algún tipo de barrera de separación.	Próximo a elementos a proteger (zonas de tránsito de personas, tomas de aire exterior, ventanas, etc.).	Incrementar la distancia. Instalar algún tipo de barrera de separación.

Continúa en página siguiente >>

<< Viene de página anterior

EVALUACIÓN DEL RIESGO EN FUENTES ORNAMENTALES					
FACTORES DE RIESGO ESTRUCTURAL	**BAJO**	**MEDIO**		**ALTO**	
	Factor	*Factor*	*Acciones a considerar*	*Factor*	*Acciones a considerar*
Condiciones atmosféricas: - **Vientos** - **Humedad** - **Relativa** - **Temperaturas ambientales**	El efecto de las condiciones atmosféricas no es significativo.	Los vientos dominantes dirigen el aerosol a zonas de baja o media densidad de población.	Cuando sea aplicable en el diseño y/o renovación de la fuente se tendrán en cuenta las condiciones atmosféricas.	Existencia de vientos dominantes que dirijan el aerosol a zonas de alta densidad de población o elementos a proteger.	Cuando sea aplicable en el diseño y/o renovación de la fuente se tendrán en cuenta las condiciones atmosféricas.
Ubicación de la instalación	Zona alejada de áreas habitadas.	Zona urbana de baja o media densidad de población.	Cuando sea aplicable en el diseño y/o renovación de la fuente se tendrá en cuenta la ubicación.	Zona urbana de alta densidad. Zona con puntos de especial riesgo: hospitales, residencias de ancianos, etc.	Cuando sea aplicable en el diseño y/o renovación de la fuente se tendrá en cuenta la ubicación.

Cada uno de los índices presentados tiene asignados unos **valores determinados para el cálculo del índice global,** atendiendo a la importancia en torno al riesgo que presenta. Dichos valores corresponden a la siguiente imposición:

	Riesgo estructural	**Bajo**	**Medio**	**Alto**
ÍNDICE GLOBAL EN FUENTES ORNAMENTALES	Procedencia del agua	0	9	18
	Materiales	0	4	8
	Tipo de aerosolización	0	13	26
	Punto de emisión de aerosoles	0	10	20
	Condiciones atmosféricas	0	5	10
	Ubicación de la instalación	0	9	18
	TOTAL: Índice Estructural (IE)		**50**	**100**

Continúa en página siguiente >>

<< Viene de página anterior

ÍNDICE GLOBAL EN FUENTES ORNAMENTALES

Riesgo de mantenimiento	Bajo	Medio	Alto
Parámetros fisicoquímicos. Nivel de biocida	0	9	18
Contaminación microbiológica	0	12	24
Estado higiénico de la instalación	0	12	24
Estado mecánico de la instalación	0	8	16
Estado del sistema de tratamiento y desinfección	0	9	18
TOTAL: Índice Mantenimiento (IM)		**50**	**100**

Riesgo de operación	Bajo	Medio	Alto
Temperatura media del agua de aporte	0	7	14
Temperatura media del agua en el sistema	0	13	26
Frecuencia de renovación	0	25	50
Sistema de filtración	0	5	10
TOTAL: Índice Operacional (IO)		**50**	**100**

TAREA 6

El diseño de una nueva fuente dispuesta en la Plaza Mayor ha creado un gran revuelo por su diseño. Se han integrado en su construcción cuero, hormigón y madera; todo ello en contacto directo con el agua.

Como responsable de la puesta en marcha de la instalación, ¿qué medidas se deberán tomar al respecto?

Enumera los factores de riesgo específicos de dicha instalación e indica las medidas que deberán tomarse ante los mismos.

2.7. Valoración del riesgo de las instalaciones destinadas a riego por aspersión en el medio urbano

La valoración del riesgo referida a las instalaciones destinadas a riego por aspersión en el medio urbano impone de forma generalizada la necesidad de llevar a cabo **como mínimo una revisión anual.** Esta debe realizarse por la consideración, al igual que en los casos anteriores, de factores como la puesta en marcha de la instalación por primera vez, la reparación o modificación estructural, o bien ante una revisión general aconsejada por la autoridad competente.

Dicha revisión se llevará a cabo por **personal cualificado,** diferenciando entre factores estructurales, factores de mantenimiento y factores de operación, asociados al funcionamiento de la instalación. A partir de este estudio, se obtendrá el denominado índice global, que indicará el procedimiento a establecer.

Las tablas diseñadas para la **evaluación del riesgo** de estas instalaciones presentan las siguientes especificaciones y controles:

EVALUACIÓN DEL RIESGO EN INSTALACIONES DESTINADAS A RIEGO POR ASPERSIÓN EN EL MEDIO URBANO					
FACTORES DE RIESGO ESTRUCTURAL	**BAJO**	**MEDIO**		**ALTO**	
	Factor	*Factor*	*Acciones a considerar*	*Factor*	*Acciones a considerar*
Procedencia del agua	Red de distribución pública.	Captación propia tratada o aguas depuradas.	Controlar con la frecuencia indicada en la siguiente tabla *(ver anexo 6).*	Captación propia no tratada.	Controlar con la frecuencia indicada la contaminación microbiológica y en caso necesario introducir equipos de tratamiento (al menos filtración y desinfección).

Continúa en página siguiente >>

<< Viene de página anterior

EVALUACIÓN DEL RIESGO EN INSTALACIONES DESTINADAS A RIEGO POR ASPERSIÓN EN EL MEDIO URBANO					
FACTORES DE RIESGO ESTRUCTURAL	**BAJO**	**MEDIO**		**ALTO**	
	Factor	*Factor*	*Acciones a considerar*	*Factor*	*Acciones a considerar*
Materiales: - **Composición** - **Rugosidad** - **Corrosividad**	Materiales metálicos y plásticos que resistan la acción agresiva del agua y biocidas.	Hormigón. Materiales metálicos y plásticos no resistentes a las condiciones del agua de la instalación o a la acción de los biocidas.	Sustitución de materiales o recubrimiento con materiales adecuados. Adición de inhibidores de corrosión.	Otros materiales en contacto con el agua que favorezcan el desarrollo de bacterias.	Sustitución de materiales. En caso necesario introducir equipos de tratamiento.
Tipo de aerosolización	Nivel bajo de aerosolización.	Nivel importante de aerosolización con gotas grandes que caen por gravedad.	Sustituir el sistema de aerosolización.	Nivel muy importante de aerosolización con gotas finas que son transportadas por el aire.	Sustituir el sistema de aerosolización.
Punto de emisión de aerosoles	Instalación totalmente aislada de elementos a proteger o zonas de tránsito de personas.	Existen elementos a proteger pero se hallan suficientemente alejados del punto de emisión.	Instalar algún tipo de barrera de separación.	Próximo a elementos a proteger (zonas de tránsito de personas, tomas de aire exterior, ventanas, etc.)	Incrementar la distancia. Instalar algún tipo de barrera de separación.
Condiciones atmosféricas: - **Vientos** - **Humedad** - **Relativa** - **Temperaturas ambientales**	El efecto de los vientos no es significativo.	Los vientos dominantes dirigen el aerosol a zonas de baja o media densidad de población.	Cuando sea aplicable en el diseño y/o renovación del sistema de riego se tendrán en cuenta las condiciones atmosféricas.	Existencia de vientos dominantes que dirijan el aerosol a zonas de alta densidad de población o elementos a proteger.	Cuando sea aplicable en el diseño y/o renovación del sistema de riego se tendrán en cuenta las condiciones atmosféricas.
Ubicación de la instalación	Zona alejada de áreas habitadas.	Zona urbana de baja o media densidad de población.	Cuando sea aplicable en el diseño y/o renovación del sistema de riego se tendrá en cuenta la ubicación.	Zona urbana de alta densidad. Zona con puntos de especial riesgo: hospitales, residencias de ancianos, etc.	Cuando sea aplicable en el diseño y/o renovación del sistema de riego se tendrá en cuenta la ubicación.

EVALUACIÓN DEL RIESGO EN INSTALACIONES DESTINADAS A RIEGO POR ASPERSIÓN EN EL MEDIO URBANO					
FACTORES DE RIESGO MANTENIMIENTO	**BAJO**	**MEDIO**		**ALTO**	
	Factor	*Factor*	*Acciones a considerar*	*Factor*	*Acciones a considerar*
Parámetros fisicoquímicos: - Nivel de biocida	El nivel de biocida se controla de forma automática o con una periodicidad como mínimo semanal.	Se adiciona un biocida pero su concentración se controla con una periodicidad mínima mensual.	Aumentar la frecuencia de control de biocida.	No se adiciona biocida o este se controla con una periodicidad superior a un mes.	Adicionar biocida. Aumentar la frecuencia de control de biocida.
Contaminación microbiológica	En los controles analíticos aparece: - Aerobios totales <100.000 Ufc/ml - *Legionella spp* Ausencia.	En los controles analíticos aparece: - Aerobios totales >100.000 Ufc/ml -*Legionella spp* <1000 Ufc/L.	Según criterio de la siguiente tabla *(ver anexo 7)*.	En los controles analíticos aparece: - Aerobios totales >100.000 Ufc/ml incluso después de realizar una desinfección preventiva. - *Legionella spp* ≥1.000 Ufc/L.	Según criterio de la siguiente tabla *(ver anexo 7)*.
Estado higiénico de la instalación	La instalación se encuentra limpia, sin biocapa.	La instalación presenta áreas de biocapa y suciedad no generalizada.	Realizar una limpieza de la instalación.	La instalación presenta áreas de biocapa y suciedad visible generalizada.	Realizar una limpieza y desinfección de choque de la instalación.
Estado mecánico de la instalación	Buen estado de conservación. No se detecta presencia de corrosión ni incrustaciones.	Algunos elementos de la instalación presentan corrosión y/o incrustaciones.	Sustituir o tratar los elementos con corrosión y/o incrustaciones. Verificar sistema de tratamiento.	Mal estado general de conservación: corrosión y/o incrustaciones generalizadas.	Sustituir o tratar los elementos con corrosión y/o incrustaciones. Verificar sistema de tratamiento. Añadir inhibidores de corrosión o utilizar materiales más resistentes a la corrosión.

Continúa en página siguiente >>

<< Viene de página anterior

EVALUACIÓN DEL RIESGO EN INSTALACIONES DESTINADAS A RIEGO POR ASPERSIÓN EN EL MEDIO URBANO					
FACTORES DE RIESGO MANTENIMIENTO	**BAJO**	**MEDIO**		**ALTO**	
	Factor	*Factor*	*Acciones a considerar*	*Factor*	*Acciones a considerar*
Estado del sistema de tratamiento y desinfección	La instalación dispone de un sistema de tratamiento y desinfección adecuado funcionando correctamente.	La instalación dispone de un sistema de tratamiento y desinfección adecuado pero no funciona correctamente.	Revisar, reparar o sustituir el actual sistema de tratamiento.	La instalación no dispone de sistema de tratamiento y desinfección.	Instalar el sistema de tratamiento y desinfección.

EVALUACIÓN DEL RIESGO EN INSTALACIONES DESTINADAS A RIEGO POR ASPERSIÓN EN EL MEDIO URBANO					
FACTORES DE RIESGO OPERACIÓN	**BAJO**	**MEDIO**		**ALTO**	
	Factor	*Factor*	*Acciones a considerar*	*Factor*	*Acciones a considerar*
Temperatura media del agua de aporte	<20 °C	20-30 °C	Mejorar las medidas de aislamiento de las tuberías.	>30 °C	Mejorar las medidas de aislamiento de las tuberías.
Temperatura media del agua en el sistema	<20 °C	20-30 °C	Mejorar las medidas de aislamiento de las tuberías. Aumentar la frecuencia de consumo.	>30 °C	Mejorar las medidas de aislamiento de las tuberías. Aumentar la frecuencia de consumo.
Frecuencia de renovación	El sistema se usa diariamente.	El sistema se usa como mínimo semanalmente.	Aumentar frecuencia de uso.	El sistema se usa esporádicamente, con una frecuencia superior a una semana.	Aumentar frecuencia de uso.
Horario de funcionamiento	Se utiliza preferentemente de noche.	Se utiliza de día en horas de baja frecuencia de paso de personas.	Programar su uso durante la noche.	Se utiliza siempre de día en horas de paso frecuente de personas.	Programar su uso durante la noche.

Cada uno de los índices presentados tiene asignados unos **valores determinados que permiten calcular el índice global,** atendiendo a la importancia en torno al riesgo que presenta. Dichos valores corresponden a la siguiente imposición:

Riesgo estructural	Bajo	Medio	Alto
Procedencia del agua	0	9	18
Materiales	0	4	8
Tipo de pulverización y tamaño de gotas	0	13	26
Punto de emisión de aerosoles	0	10	20
Condiciones atmosféricas	0	5	10
Ubicación de la instalación	0	9	18
TOTAL: Índice Estructural (IE)		50	100

Riesgo de mantenimiento	Bajo	Medio	Alto
Parámetros fisicoquímicos. Nivel de biocida	0	9	18
Contaminación microbiológica	0	12	24
Estado higiénico de la instalación	0	12	24
Estado mecánico de la instalación	0	8	16
Estado del sistema de tratamiento y desinfección	0	9	18
TOTAL: Índice Mantenimiento (IM)		50	100

Riesgo de operación	Bajo	Medio	Alto
Temperatura media del agua de aporte	0	10	20
Temperatura media del agua en el sistema	0	10	20
Frecuencia de uso	0	15	30
Horario de funcionamiento	0	15	30
TOTAL: Índice Operacional (IO)		50	100

ÍNDICE GLOBAL EN INSTALACIONES DESTINADAS A RIEGO POR ASPERSIÓN EN EL MEDIO URBANO

 **TAREA 7**

El huerto ecológico diseñado por el ayuntamiento, así como los jardines anexos a este, requieren de una instalación de riego por aspersión, por lo que se ponen en contacto con tu empresa para que se lleve a cabo dicha instalación.

¿Qué premisas estructurales y de mantenimiento deberán contemplarse ante dicha instalación?

2.8. Valoración del riesgo de los sistemas de agua contraincendios

La valoración del riesgo referida a los sistemas de agua contraincendios impone de forma generalizada la necesidad de llevar a cabo **como mínimo una revisión anual.** Esta debe realizarse por la consideración, al igual que en los casos anteriores, de factores como la puesta en marcha de la instalación por primera vez, la reparación o modificación estructural, o bien ante una revisión general aconsejada por la autoridad competente.

Dicha revisión se llevará a cabo por **personal cualificado,** diferenciando entre factores estructurales, factores de mantenimiento y factores de operación, asociados al funcionamiento de la instalación. A partir de este estudio, se obtendrá el denominado índice global, que indicará el procedimiento a establecer.

Las tablas diseñadas para la **evaluación del riesgo** de estas instalaciones presentan las siguientes especificaciones y controles:

EVALUACIÓN DEL RIESGO EN SISTEMAS DE AGUA CONTRAINCENDIOS					
FACTORES DE RIESGO ESTRUCTURAL	**BAJO**	**MEDIO**		**ALTO**	
	Factor	*Factor*	*Acciones a considerar*	*Factor*	*Acciones a considerar*
Procedencia del agua	Agua de consumo humano.	Captación propia tratada.	Controlar con la frecuencia indicada *(ver anexo 8).*	Captación propia no tratada. Procedentes de plantas de tratamiento de aguas residuales.	Controlar con la frecuencia indicada la contaminación microbiológica e introducir equipos de tratamiento, como mínimo filtración y desinfección.
Agua estancada	El agua se mueve desde el depósito (tratado) hasta los puntos finales mediante un sistema de recirculación de agua constante o periódicamente de tal forma que el biocida accede a todos los puntos de la instalación.	El sistema mantiene el agua estancada. No hay modo de recircular o vaciar el agua de la red excepto por los rociadores.	Establecer un programa de movimiento periódico del agua en dichos elementos. Se ha de garantizar el acceso del biocida a todos los puntos de la instalación.	Existen tramos muertos, depósitos o equipos en desuso, *by-pass*, etc., sin justificación técnica.	Eliminar dichos tramos.
Materiales: - **Composición** - **Rugosidad** - **Corrosividad**	Materiales metálicos y plásticos que resistan la acción agresiva del agua y biocidas.	Hormigón. Materiales metálicos y plásticos no resistentes a las condiciones del agua de la instalación.	Sustitución de materiales o recubrimiento con materiales adecuados. Adición de inhibidores de corrosión.	Cuero. Madera. Celulosa. Otros materiales que favorezcan el desarrollo de bacterias.	Sustitución de materiales.
Tipo de aerosolización	Nivel bajo de aerosolización.	Nivel importante de aerosolización con gotas grandes que caen por gravedad.	No aplica.	Nivel muy importante de aerosolización con gotas finas que son transportadas por el aire.	No aplica.

Continúa en página siguiente >>

<< *Viene de página anterior*

EVALUACIÓN DEL RIESGO EN SISTEMAS DE AGUA CONTRAINCENDIOS					
FACTORES DE RIESGO ESTRUCTURAL	**BAJO**	**MEDIO**		**ALTO**	
	Factor	*Factor*	*Acciones a considerar*	*Factor*	*Acciones a considerar*
Conexión a otras redes	Instalación totalmente separada de otras redes.	Instalación conectada a otras redes pero dispone de válvula antirretorno o desconector.	Separar físicamente la instalación.	Instalación conectada a otras redes sin ningún tipo de válvula antirretorno o desconector.	Separar físicamente la instalación o instalar válvula antirretorno o desconector.

EVALUACIÓN DEL RIESGO EN SISTEMAS DE AGUA CONTRAINCENDIOS					
FACTORES DE RIESGO MANTENIMIENTO	**BAJO**	**MEDIO**		**ALTO**	
	Factor	*Factor*	*Acciones a considerar*	*Factor*	*Acciones a considerar*
Parámetros fisicoquímicos	Cumple las especificaciones del presente documento.	No cumple algunas de las especificaciones del presente documento o el incumplimiento es puntual.	Repetir el ensayo. Adoptar acciones correctoras específicas según el parámetro.	No cumple las especificaciones del presente documento.	Revisar el programa de tratamiento del agua y adoptar acciones correctoras específicas para cada parámetro.
Contaminación microbiológica	En los controles analíticos aparece: - *Legionella spp* <1.000 Ufc/L.	En los controles analíticos aparece: - *Legionella spp* 1.000 - 10.000 Ufc/L.	Según los criterios *(ver anexo 9)*.	En los controles analíticos aparece: - *Legionella spp* >10000 Ufc/L.	Según los criterios *(ver anexo 9)*.
Estado higiénico de la instalación	La instalación no presenta lodos, biocapa, turbidez, etc.	La instalación presenta áreas de biocapa y suciedad no generalizada.	Realizar una limpieza de la instalación.	La instalación presenta biocapa y suciedad visible generalizada.	Realizar una limpieza y desinfección preventiva de la instalación.

Continúa en página siguiente >>

<< Viene de página anterior

EVALUACIÓN DEL RIESGO EN SISTEMAS DE AGUA CONTRAINCENDIOS					
FACTORES DE RIESGO MANTENIMIENTO	**BAJO**	**MEDIO**		**ALTO**	
	Factor	*Factor*	*Acciones a considerar*	*Factor*	*Acciones a considerar*
Estado mecánico de la instalación	Buen estado de conservación. No se detecta presencia de corrosión ni incrustaciones.	Algunos elementos de la instalación presentan corrosión y/o incrustaciones.	Sustituir o tratar los elementos con corrosión y/o incrustaciones. Verificar sistema de tratamiento.	Mal estado general de conservación. Corrosión y/o incrustaciones generalizadas.	Sustituir o tratar los elementos con corrosión y/o incrustaciones. Verificar sistema de tratamiento. Añadir inhibidores de corrosión o utilizar materiales más resistentes a la corrosión.
Estado del sistema de tratamiento y desinfección	La instalación dispone de un sistema de tratamiento y desinfección adecuado funcionando correctamente.	La instalación dispone de un sistema de tratamiento y desinfección adecuado, pero no funciona correctamente.	Revisar, reparar o sustituir el actual sistema de tratamiento.	La instalación no dispone de sistema de tratamiento y desinfección.	Instalar el sistema de tratamiento y desinfección.

EVALUACIÓN DEL RIESGO EN SISTEMAS DE AGUA CONTRAINCENDIOS					
FACTORES DE RIESGO OPERACIÓN	**BAJO**	**MEDIO**		**ALTO**	
	Factor	*Factor*	*Acciones a considerar*	*Factor*	*Acciones a considerar*
Temperatura del agua del sistema	<15 °C	15-25 °C	Estudiar la causa del calentamiento del agua y corregirla.	>25 °C	Estudiar la causa del calentamiento del agua y corregirla.
Frecuencia de funcionamiento	Las pruebas hidráulicas se realizan siempre por personal especializado con el edificio vacío.	Las pruebas hidráulicas se realizan con el edificio ocupado, pero se toman medidas para asegurar evitar la exposición de personas ajenas.	Programar las pruebas con el edificio vacío.	Las pruebas hidráulicas se realizan con el edificio ocupado.	Programar las pruebas con el edificio vacío o tomar medidas para asegurar evitar la exposición de personas ajenas.

Cada uno de los índices presentados tiene asignados unos **valores determinados para el cálculo del índice global,** atendiendo a la importancia en torno al riesgo que presenta. Dichos valores corresponden a la siguiente imposición:

Riesgo estructural	Bajo	Medio	Alto
Procedencia del agua	0	6	12
Agua estancada	0	6	12
Materiales	0	3	6
Tipo de aerosolización	0	10	20
Conexión a otras redes	0	25	50
TOTAL: Índice Estructural (IE)		50	100

Riesgo de mantenimiento	Bajo	Medio	Alto
Parámetros fisicoquímicos	0	8	16
Contaminación microbiológica	0	13	26
Estado higiénico de la instalación	0	11	22
Estado mecánico de la instalación	0	7	14
Estado del sistema de tratamiento y desinfección	0	11	22
TOTAL: Índice Mantenimiento (IM)		50	100

Riesgo de operación	Bajo	Medio	Alto
Temperatura del agua en balsa	0	20	40
Frecuencia de funcionamiento	0	30	60
TOTAL: Índice Operacional (IO)		50	100

(Columna lateral: **ÍNDICE GLOBAL EN SISTEMAS DE AGUA CONTRAINCENDIOS**)

2.9. Valoración del riesgo de instalaciones de lavado de vehículos

La valoración del riesgo referida a las instalaciones de lavado de vehículos impone de forma generalizada la necesidad de llevar a cabo **como mínimo una revisión anual.** Esta debe realizarse por la consideración, al igual que en los casos anteriores, de factores como la puesta en marcha de la instalación por primera vez, la reparación o modificación estructural, o bien ante una revisión general aconsejada por la autoridad competente.

Dicha revisión se llevará a cabo por **personal cualificado,** diferenciando entre factores estructurales, factores de mantenimiento y factores de operación, asociados al funcionamiento de la instalación. A partir de este estudio, se obtendrá el denominado índice global, que indicará el procedimiento a establecer.

Las tablas diseñadas para la **evaluación del riesgo** de estas instalaciones presentan las siguientes especificaciones y controles:

EVALUACIÓN DEL RIESGO EN INSTALACIONES DE LAVADO DE VEHÍCULOS					
FACTORES DE RIESGO ESTRUCTURAL	**BAJO**	**MEDIO**		**ALTO**	
	Factor	*Factor*	*Acciones a considerar*	*Factor*	*Acciones a considerar*
Procedencia del agua	Agua fría de consumo humano.	Captación propia o aguas depuradas o recicladas tratadas.	Controlar con la frecuencia indicada *(ver anexo 10).*	Captación propia no tratada.	Controlar con la frecuencia indicada la contaminación microbiológica y en caso necesario introducir equipos de tratamiento (al menos filtración y desinfección).
Tipología del lavado: tipo de aerosolización	Tren de lavado: nivel bajo de aerosolización.	Puente de lavado: nivel importante de aerosolización.	No aplica. No es posible sustituir el sistema de pulverización, de él depende el resultado final del lavado.	Boxes de lavado: nivel muy importante de aerosolización.	No aplica. No es posible sustituir el sistema de pulverización. De él depende el resultado final del lavado.
Punto de emisión de aerosoles	Instalación totalmente aislada de elementos a proteger o zonas de tránsito de personas.	Existen elementos a proteger, pero se hallan suficientemente alejados del punto de emisión.	Instalar algún tipo de barrera de separación.	Próximo a elementos a proteger (zonas de tránsito de personas, tomas de aire exterior, ventanas, etc.).	Incrementar la distancia. Instalar algún tipo de barrera de separación.

Continúa en página siguiente >>

<< *Viene de página anterior*

EVALUACIÓN DEL RIESGO EN INSTALACIONES DE LAVADO DE VEHÍCULOS					
FACTORES DE RIESGO ESTRUCTURAL	**BAJO**	**MEDIO**		**ALTO**	
	Factor	*Factor*	*Acciones a considerar*	*Factor*	*Acciones a considerar*
Condiciones atmosféricas: - **Vientos** - **Humedad** - **Relativa** - **Temperaturas ambientales**	El efecto de los vientos no es significativo.	Los vientos dominantes dirigen el aerosol a zonas de baja o media densidad de población.	Cuando sea aplicable en el diseño y/o renovación se tendrán en cuenta las condiciones atmosféricas.	Existencia de vientos dominantes que dirijan el aerosol a zonas de alta densidad de población o elementos a proteger.	Cuando sea aplicable en el diseño y/o renovación se tendrán en cuenta las condiciones atmosféricas.
Ubicación de la instalación	Zona alejada de áreas habitadas.	Zona urbana de baja o media densidad de población.	Cuando sea aplicable en el diseño de la máquina se tendrá en cuenta la ubicación.	Zona urbana de alta densidad. Zona con puntos de especial riesgo: hospitales, residencias de ancianos, etc.	Cuando sea aplicable en el diseño y/o renovación de la máquina se tendrá en cuenta la ubicación.

EVALUACIÓN DEL RIESGO EN INSTALACIONES DE LAVADO DE VEHÍCULOS					
FACTORES DE RIESGO MANTENIMIENTO	**BAJO**	**MEDIO**		**ALTO**	
	Factor	*Factor*	*Acciones a considerar*	*Factor*	*Acciones a considerar*
Contaminación microbiológica	En los controles analíticos aparece - Aerobios totales <100.000 Ufc/ml - *Legionella spp* ausencia.	En los controles analíticos aparece - Aerobios totales >100.000 Ufc/ml - *Legionella spp* <1.000 Ufc/L.	Según criterio de valoración de resultados.	En los controles analíticos aparece - Aerobios totales >100.000 Ufc/ml incluso después de realizar una desinfección de choque. - *Legionella spp* ≥1.000 Ufc/L.	Según criterio de valoración de resultados.

Continúa en página siguiente >>

<< *Viene de página anterior*

EVALUACIÓN DEL RIESGO EN INSTALACIONES DE LAVADO DE VEHÍCULOS					
FACTORES DE RIESGO MANTENIMIENTO	**BAJO**	**MEDIO**		**ALTO**	
	Factor	*Factor*	*Acciones a considerar*	*Factor*	*Acciones a considerar*
Estado higiénico de la instalación	La instalación se encuentra limpia, sin biocapa.	La instalación presenta áreas de biocapa y suciedad no generalizada.	Realizar una limpieza de la instalación.	La instalación presenta biocapa y suciedad visible generalizada.	Realizar una limpieza y desinfección de choque de la instalación.
Estado mecánico de la instalación	Buen estado de conservación. No se detecta presencia de corrosión ni incrustaciones.	Algunos elementos de la instalación presentan corrosión y/o incrustaciones.	Sustituir o tratar los elementos con corrosión y/o incrustaciones. Verificar o instalar sistema de tratamiento.	Mal estado general de conservación: corrosión y/o incrustaciones generalizadas.	Sustituir o tratar los elementos con corrosión y/o incrustaciones. Verificar o instalar sistema de tratamiento. Añadir inhibidores de corrosión o utilizar materiales más resistentes a la corrosión.
Estado del sistema de tratamiento del agua	La instalación no requiere un tratamiento del agua o dispone de él y funciona correctamente.	La instalación requiere un tratamiento del agua y dispone de él, pero no funciona correctamente.	Revisar, reparar o sustituir el actual sistema de tratamiento.	La instalación requiere un tratamiento del agua y no dispone de él.	Instalar el sistema de tratamiento.

EVALUACIÓN DEL RIESGO EN INSTALACIONES DE LAVADO DE VEHÍCULOS					
FACTORES DE RIESGO OPERACIÓN	**BAJO**	**MEDIO**		**ALTO**	
	Factor	*Factor*	*Acciones a considerar*	*Factor*	*Acciones a considerar*
Temperatura media del agua de aporte	<20 °C	20-30 °C	Mejorar las medidas de aislamiento de las tuberías.	>30 °C	Mejorar las medidas de aislamiento de las tuberías.

Continúa en página siguiente >>

<< Viene de página anterior

EVALUACIÓN DEL RIESGO EN INSTALACIONES DE LAVADO DE VEHÍCULOS					
FACTORES DE RIESGO OPERACIÓN	**BAJO**	**MEDIO**		**ALTO**	
	Factor	Factor	Acciones a considerar	Factor	Acciones a considerar
Temperatura media del agua en el sistema	<20 °C o ≥50 °C	20-34 °C o 38-49 °C	Mejorar las medidas de aislamiento de las tuberías. Ajustar la temperatura de funcionamiento del sistema.	35-37 °C	Mejorar las medidas de aislamiento de las tuberías. Ajustar la temperatura de funcionamiento del sistema.
Frecuencia de uso	El sistema se usa diariamente	El sistema se usa como mínimo semanalmente.	No aplica.	El sistema se usa esporádicamente, con una frecuencia superior a una semana.	No aplica.

Cada uno de los índices presentados tiene asignados unos valores **determinados para el cálculo del índice global,** atendiendo a la importancia en torno al riesgo que presenta. Dichos valores corresponden a la siguiente imposición:

	Riesgo estructural	Bajo	Medio	Alto
ÍNDICE GLOBAL EN INSTALACIONES DE LAVADO DE VEHÍCULOS	Procedencia del agua	0	10	20
	Tipología del lavado: tipo de aerosolización	0	14	28
	Punto de emisión de aerosoles	0	11	22
	Condiciones atmosféricas	0	6	12
	Ubicación de la instalación	0	9	18
	TOTAL: Índice Estructural (IE)		**50**	**100**

Continúa en página siguiente >>

<< Viene de página anterior

	Riesgo de mantenimiento	Bajo	Medio	Alto
ÍNDICE GLOBAL EN INSTALACIONES DE LAVADO DE VEHÍCULOS	Contaminación microbiológica	0	14	28
	Estado higiénico de la instalación	0	14	28
	Estado mecánico de la instalación	0	11	22
	Estado del sistema de tratamiento del agua	0	11	22
	TOTAL: Índice Mantenimiento (IM)		50	100

	Riesgo de operación	Bajo	Medio	Alto
	Temperatura media del agua de aporte	0	15	30
	Temperatura media del agua en el sistema	0	15	30
	Frecuencia de uso	0	20	40
	TOTAL: Índice Operacional (IO)		50	100

2.10. Valoración del riesgo de otras instalaciones que acumulen agua y puedan producir aerosoles

Descritas las instalaciones con mayor riesgo frente a la proliferación de legionela, es necesario valorar otros dispositivos que aun presentando una menor probabilidad de proliferación y dispersión de la *Legionela,* pueden ser un foco de contaminación, siendo ejemplos: los sistemas de agua contra incendios, las fuentes ornamentales o los humectadores.

Para ellos, se impone de forma generalizada la necesidad de llevar a cabo **como mínimo una revisión anual.** Esta debe realizarse por la consideración, al igual que en los casos anteriores, de factores como la puesta en marcha de la instalación por primera vez, la reparación o modificación estructural; o bien ante una revisión general aconsejada por la autoridad competente.

Dicha revisión se llevará a cabo por **personal cualificado,** diferenciando entre factores estructurales, factores de mantenimiento y factores de operación, asociados al funcionamiento de la instalación. A partir de este estudio, se obtendrá el denominado índice global, que indicará el procedimiento a establecer.

Las tablas diseñadas para la **evaluación del riesgo** de estas instalaciones presentan las siguientes especificaciones y controles:

EVALUACIÓN DEL RIESGO EN OTRAS INSTALACIONES QUE ACUMULEN AGUA Y PUEDAN PRODUCIR AEROSOLES					
FACTORES DE RIESGO MANTENIMIENTO	**BAJO**	**MEDIO**		**ALTO**	
	Factor	*Factor*	*Acciones a considerar*	*Factor*	*Acciones a considerar*
Contaminación microbiológica	En los controles analíticos aparece: - Aerobios totales <100.000 Ufc/ml. - *Legionella spp* ausencia.	En los controles analíticos aparece: - Aerobios totales >100.000 Ufc/ml. - *Legionella spp* <1.000 Ufc/L.	Según criterio de valoración de resultados.	En los controles analíticos aparece: - *Legionella spp* >1.000 Ufc/L.	Según criterio de valoración de resultados.
Estado higiénico de la instalación	La instalación se encuentra limpia, sin biocapa.	La instalación presenta áreas de biocapa y suciedad no generalizada.	Realizar una limpieza de la instalación.	La instalación presenta biocapa y suciedad visible generalizada.	Realizar una limpieza y desinfección de choque de la instalación.
Estado mecánico de la instalación	Buen estado de conservación. No se detecta presencia de corrosión ni incrustaciones.	Algunos elementos de la instalación presentan corrosión y/o incrustaciones.	Sustituir o tratar los elementos con corrosión y/o incrustaciones. Verificar o instalar sistemas de tratamiento.	Mal estado general de conservación: corrosión y/o incrustaciones generalizadas.	Sustituir o tratar los elementos con corrosión y/o incrustaciones. Verificar o instalar sistemas de tratamiento. Añadir inhibidores de corrosión o utilizar materiales más resistentes a la corrosión.
Estado del sistema de tratamiento del agua	La instalación no requiere un tratamiento del agua o dispone de él y funciona correctamente.	La instalación requiere un tratamiento del agua y dispone de él, pero no funciona correctamente.	Revisar, reparar o sustituir el actual sistema de tratamiento.	La instalación requiere un tratamiento del agua y no dispone de él.	Instalar el sistema de tratamiento.

EVALUACIÓN DEL RIESGO EN OTRAS INSTALACIONES QUE ACUMULEN AGUA Y PUEDAN PRODUCIR AEROSOLES					
FACTORES DE RIESGO ESTRUCTURAL	**BAJO**	**MEDIO**		**ALTO**	
	Factor	*Factor*	*Acciones a considerar*	*Factor*	*Acciones a considerar*
Procedencia del agua	Agua fría de consumo humano.	Captación propia o aguas depuradas o recicladas tratadas.	Controlar con la frecuencia indicada *(ver anexo 11)*.	Captación propia no tratada.	Controlar con la frecuencia indicada la contaminación microbiológica y en caso necesario introducir equipos de tratamiento (al menos filtración y desinfección).
Acumulación de agua	La capacidad de acumulación es inferior o igual al consumo diario de agua.	La capacidad de acumulación es superior al consumo diario de agua e inferior o igual al consumo semanal.	Reducir, si es posible, la capacidad de acumulación. Controlar con la frecuencia indicada la contaminación microbiológica y en caso necesario introducir equipos de desinfección.	La capacidad de acumulación es superior al consumo semanal de agua.	Reducir, si es posible, la capacidad de acumulación. Controlar con la frecuencia indicada la contaminación microbiológica y en caso necesario introducir equipos de desinfección.
Recirculación del agua	No existe recirculación del agua.	Existe recirculación del agua. El volumen total del circuito recircula en un tiempo inferior o igual a 4 horas.	Controlar con la frecuencia indicada *(ver anexo 11)*.	Existe recirculación del agua. El volumen total del circuito recircula en un tiempo superior a 4 horas.	Aumentar, si es posible, el caudal de recirculación.
Tipo de aerosolización	Nivel bajo de aerosolización.	Nivel importante de aerosolización con gotas grandes que caen por gravedad.	Sustituir, si es posible, el sistema de aerosolización.	Nivel muy importante de aerosolización con gotas finas que son transportadas por el aire.	Sustituir, si es posible, el sistema de aerosolización.

Continúa en página siguiente >>

<< Viene de página anterior

EVALUACIÓN DEL RIESGO EN OTRAS INSTALACIONES QUE ACUMULEN AGUA Y PUEDAN PRODUCIR AEROSOLES					
FACTORES DE RIESGO ESTRUCTURAL	**BAJO**	**MEDIO**		**ALTO**	
	Factor	*Factor*	*Acciones a considerar*	*Factor*	*Acciones a considerar*
Materiales: - **Composición** - **Rugosidad** - **Corrosividad**	Los materiales resisten la acción agresiva del agua y del biocida utilizado.	Existen materiales que no son resistentes a las condiciones del agua de la instalación.	Sustitución de materiales o recubrimiento con materiales adecuados. Adición de inhibidores de corrosión.	Existen materiales en contacto con el agua que favorecen el desarrollo de bacterias como el cuero, madera, fibrocemento, hormigón o los derivados de celulosa.	Sustitución de materiales.
Emisión de aerosoles	La emisión de aerosoles se halla aislada de elementos a proteger o zonas de tránsito de personas.	La emisión de aerosoles se halla cerca de elementos de proteger o en zonas de tránsito de personas.	Si es posible, instalar algún tipo de barrera de separación.	La emisión de aerosoles se halla en una zona con puntos de especial riesgo: hospitales, residencias de ancianos, etc.	Si es posible, instalar algún tipo de barrera de separación.

EVALUACIÓN DEL RIESGO EN OTRAS INSTALACIONES QUE ACUMULEN AGUA Y PUEDAN PRODUCIR AEROSOLES					
FACTORES DE RIESGO OPERACIÓN	**BAJO**	**MEDIO**		**ALTO**	
	Factor	*Factor*	*Acciones a considerar*	*Factor*	*Acciones a considerar*
Temperatura media del agua de aporte	<20 °C	20–30 °C	Mejorar las medidas de aislamiento de las tuberías.	>30 °C	Mejorar las medidas de aislamiento de las tuberías.
Temperatura media del agua en el sistema	<20 °C o ≥50 °C	20-34 °C o 38-49 °C	Mejorar las medidas de aislamiento. Ajustar la temperatura de funcionamiento del sistema.	35-37 °C	Mejorar las medidas de aislamiento. Ajustar la temperatura de funcionamiento del sistema.

Continúa en página siguiente >>

<< Viene de página anterior

EVALUACIÓN DEL RIESGO EN OTRAS INSTALACIONES QUE ACUMULEN AGUA Y PUEDAN PRODUCIR AEROSOLES					
FACTORES DE RIESGO OPERACIÓN	**BAJO**	**MEDIO**		**ALTO**	
	Factor	*Factor*	*Acciones a considerar*	*Factor*	*Acciones a considerar*
Frecuencia de uso	El sistema se usa diariamente.	El sistema se usa como mínimo semanalmente.	Aumentar frecuencia de uso.	El sistema se usa esporádicamente, con una frecuencia superior a una semana.	Aumentar frecuencia de uso.
Horario de funcionamiento	La instalación se utiliza cuando el paso de personas es prácticamente nulo.	La instalación se utiliza en horas de poca frecuencia de paso de personas.	Si es posible, utilizar la instalación cuando el paso de personas sea más reducido.	La instalación se utiliza cuando el paso de personas es muy frecuente.	Si es posible, utilizar la instalación cuando el paso de personas sea más reducido.

Cada uno de los índices presentados tiene asignados unos **valores determinados para el cálculo del índice global,** atendiendo a la importancia en torno al riesgo que presenta. Dichos valores corresponden a la siguiente imposición:

ÍNDICE GLOBAL EN OTRAS INSTALACIONES QUE ACUMULEN AGUA Y PUEDAN PRODUCIR AEROSOLES	**Riesgo estructural**	**Bajo**	**Medio**	**Alto**
	Procedencia del agua	0	9	18
	Acumulación del agua	0	8	16
	Recirculación del agua	0	10	20
	Tipo de aerosolización	0	11	22
	Materiales	0	4	8
	Emisión de aerosoles	0	8	16
	TOTAL: Índice Estructural (IE)		**50**	**100**

Continúa en página siguiente >>

<< *Viene de página anterior*

ÍNDICE GLOBAL EN OTRAS INSTALACIONES QUE ACUMULEN AGUA Y PUEDAN PRODUCIR AEROSOLES

Riesgo de mantenimiento	Bajo	Medio	Alto
Contaminación microbiológica	0	15	30
Estado higiénico de la instalación	0	15	30
Estado mecánico de la instalación	0	9	18
Estado del sistema de tratamiento del agua	0	11	22
TOTAL: Índice Mantenimiento (IM)		**50**	**100**

Riesgo de operación	Bajo	Medio	Alto
Temperatura media del agua de aporte	0	10	20
Temperatura media del agua en el sistema	0	10	20
Frecuencia de uso	0	15	30
Horario de funcionamiento	0	15	30
TOTAL: Índice Operacional (IO)		**50**	**100**

TAREA 8

En el parque acuático Archiqualandia parece haberse producido un brote de legionela, afectando a un reducido número de personas. Las torres de refrigeración, así como sistemas de riego por aspersión y humificadores han pasado de forma correcta la inspección reglamentaria, pero no se han tenido presentes algunas instalaciones acuáticas, no puestas en marcha desde hace más de un año.

¿Qué medidas se deberán adoptar ante la revisión de dichas instalaciones? ¿Qué factores se deberán contemplar?

Evalúa el riesgo de la instalación, enumerando los factores de riesgo específicos e indicando además qué otros datos se deberán tener presentes en la evaluación del riesgo de mantenimiento de este tipo de instalaciones.

3. Resumen

Para el control de posibles brotes de legionela es necesario llevar a cabo un **control preventivo,** basado en factores como la calidad del agua, su estancamiento, el tipo de superficie en contacto con el agua o la biocapa generada en la instalación.

Cada instalación presenta unas características constructivas y funcionales propias, por lo que se deberá actuar en consecuencia. Por ello, se diferencian las siguientes **instalaciones:**

- Instalaciones de Agua Caliente Sanitaria.
- Instalaciones de Agua Fría de Consumo.
- Torres de refrigeración y condensadores evaporativos.
- Centrales Humificadores Industriales.
- Sistemas de Agua Climatizada con Agitación constante y recirculación a través de chorros de alta velocidad o la inyección de aire.
- Enfriamiento evaporativo.
- Humectadores.
- Fuentes ornamentales.
- Instalaciones destinadas a riego por aspersión en el medio urbano.
- Sistemas de agua contraincendios.
- Instalaciones de lavado de vehículos.
- Otras instalaciones que acumulen agua y puedan producir aerosoles.

Para el **control y tratamiento** de estas instalaciones se diferencian tres **tipos de riesgos,** agrupados en las siguientes categorías:

En cualquier caso, la valoración del riesgo referida a cualquiera de estas instalaciones se llevará a cabo por **personal cualificado** e impone de forma generalizada la necesidad de llevar a cabo **como mínimo una revisión anual,** bien sea por la puesta en marcha de la instalación por primera vez, la

reparación o modificación estructural, o por una revisión general aconsejada por la autoridad competente.

A partir de este estudio, se obtendrá el denominado **índice global,** que indicará el procedimiento a establecer.

Finalmente, es importante destacar que ante cualquier duda siempre se
deberá consultar la normativa vigente, representada principalmente por el
Real Decreto 487/2022, de 21 de junio, y la Orden SCO/317/2003, de 7 de
febrero.

Anexos

Anexo 1

Elemento de la instalación	Periodicidad
Revisión general de la instalación, especialmente el estado de los diferentes elementos, tales como tuberías, grifos, duchas, filtros, boquillas de impulsión, etc., sustituyendo aquellos que hayan podido deteriorarse.	Semestral
Estado de conservación y limpieza de los depósitos auxiliares: debe comprobarse mediante inspección visual que no presentan suciedad general, corrosión o incrustación.	Mensual
Filtros y otros equipos de tratamientos del agua: comprobar su correcto funcionamiento.	Diaria
Abrir los grifos y duchas de instalaciones asociadas no utilizadas, dejando correr el agua unos minutos.	Semanal
Estado de conservación y limpieza del vaso: debe comprobarse mediante inspección visual que no presenta suciedad general, desperfectos o incrustaciones.	Diaria
Equipos de desinfección del agua: comprobar su correcto funcionamiento.	Diaria

Anexo 2

Parámetro		Valor de referencia	Actuación correctora en caso de incumplimiento
Nivel de desinfectante en el vaso	Cloro	Mínimo 2 mg/l Máximo 5 mg/l	Revisar el sistema de dosificación.
	Bromo	Mínimo 3 mg/l Máximo 6 mg/l	
	Otros	Según especificaciones del fabricante	
pH en el vaso		7,2 - 7,8 (según normativa y tipo de biocida	Añadir ácido o base para ajustar el pH.
Turbidez (en el vaso 4 horas después de máxima fluencia)		0,5 - 2 NTU⁽*⁾	Mejorar el sistema de filtración. Purgar y diluir con agua de aporte.
Legionella spp		Ausencia ⁽**⁾	Realizar limpieza y desinfección según protocolo en caso de brote y una nueva toma de muestras aproximadamente a los 15 días.

Continúa en página siguiente >>

<< *Viene de página anterior*

Parámetro	Valor de referencia	Actuación correctora en caso de incumplimiento

(∗) El límite del Real Decreto es de 0,5 NTU, no obstante pueden alcanzarse niveles de turbidez ligeramente superiores, hasta un límite de 2.
(∗∗) El límite inferior de detección del método de análisis debe ser igual o menor a 100 Ufc/l.

Anexo 3

Parámetro	Valor de referencia	Actuación correctora en caso de incumplimiento
Temperatura	Según condiciones de funcionamiento	No aplicable
pH	6,5 - 9,0	Se valorará este parámetro a fin de ajustar la dosis de cloro a utilizar (UNE 100030) o de cualquier otro biocida. Se recomienda calcular el índice de Ryznar o de Langelier para verificar la tendencia agresiva o incrustante del agua.
Índice de Langelier	>0 Agua incrustante 0 Equilibrio <0 Agua agresiva	Se valorará este parámetro a fin de determinar el programa de tratamiento del agua de modo que esta en ningún momento podrá tener características extremadamente incrustantes ni corrosivas.
Índice de Ryznar	<6 Agua incrustante 6 - 7 Equilibrio >7 Agua agresiva	
Conductividad	Debe estar comprendida entre los límites que permitan la composición química del agua (dureza, alcalinidad, cloruros, sulfatos, otros) de tal forma que no se produzcan fenómenos de incrustación y/o corrosión.	La purga se debe realizar en función a la conductividad máxima permitida en el sistema indicado en el programa de tratamientos del agua.
Turbidez	<15 NFU	Diluir con agua nueva la balsa.
Hierro total	<2 mg/l	Identificar y sustituir el elemento afectado por la corrosión.

Continúa en página siguiente >>

<< Viene de página anterior

Parámetro		Valor de referencia	Actuación correctora en caso de incumplimiento
Recuento total de aerobios	**Pulverizado**	<1.000 Ufc/ml	Con valores superiores a 1.000 Ufc/ml será necesario comprobar el programa de mantenimiento. Con valores superiores a 10.000 Ufc/ml limpiar y realizar un tratamiento de choque de acuerdo con lo indicado en el *Protocolo A* desarrollado al final de esta tabla.
	Superficie húmeda	≤10.000 Ufc/ml	Con valores superiores a 10.000 Ufc/ml será necesario comprobar el programa de mantenimiento. Con valores superiores a 100.000 Ufc/ml limpiar y realizar un tratamiento de choque de acuerdo con lo indicado en el *Protocolo A* desarrollado al final de esta tabla.
Legionella spp		Presencia (*)	Parar el funcionamiento de la instalación, vaciar el sistema en su caso: 100 - 1.000 Ufc/L Limpiar y realizar un tratamiento de choque de acuerdo con lo indicado en el *Protocolo A* desarrollado al final de esta tabla. 1.000 Ufc/L Limpiar y realizar un tratamiento en caso de brote de acuerdo con lo indicado en el *Protocolo B* desarrollado al final de esta tabla. En ambos casos realizar una nueva toma de muestras aproximadamente a los 15 días.

(*) El limite inferior de detección del método de análisis debe ser igual o menor a 100 Ufc/L.

PROTOCOLO A:

- Protocolo de limpieza para equipos con recirculación

- Desmontar los paneles de relleno e impregnar las superficies con biodispersantes (detergentes); enjuagar con agua.
- Vaciar la bandeja, limpiar cualquier resto de incrustación o residuo sólido; limpiar con detergentes y enjuagar.
- Limpiar las superficies de los equipos auxiliares, ventiladores, bombas, sondas de conductividad, etc., con detergentes y enjuagar posteriormente.
- Volver a montar el sistema y rellenar para condiciones de uso normales.

En caso de detectar contaminación microbiológica en el sistema, el protocolo de limpieza-desinfección descrito en el Anexo IV, Parte C.2 del Real Decreto 487/2022 también puede ser válido para los equipos con recirculación de agua y contacto con superficie húmeda, si se utiliza cloro como desinfectante. En este caso ha de tenerse en cuenta que la neutralización y el enjuague del equipo debe ser especialmente cuidadoso, para evitar introducir cloro en las áreas tratadas, una vez el sistema se vuelva a poner en condiciones normales de uso.
En caso de utilizar un desinfectante diferente al cloro, se seguirá el procedimiento indicado por el fabricante. Se debe tener en cuenta que la limpieza de la instalación es necesaria, independientemente del biocida empleado.
Es importante tener en cuenta que en este tipo de instalaciones la desinfección de choque exige siempre la parada de la instalación, y que las limpiezas y desinfecciones no deben afectar a los trabajadores u ocupantes en general.

Continúa en página siguiente >>

<< Viene de página anterior

- **Protocolo para los sistemas que no disponen de recirculación**

El tratamiento se realizará mediante la desinfección de cada una de las partes desmontables. Todas las partes desmontables de la instalación se sumergirán en una solución clorada u otro desinfectante autorizado, con 20 mg/l de cloro residual libre durante al menos 30 minutos. Los depósitos de agua existentes, previos a la pulverización, deberán ser vaciados, limpiados y desinfectados (mediante pulverización con solución clorada a concentración 20 mg/l) y posteriormente aclarados. Estas desinfecciones deben llevarse a cabo con una periodicidad mínima semestral.

PROTOCOLO B:

Limpieza y desinfección en caso de brote

En equipos con recirculación de agua y contacto con superficie húmeda se podrá utilizar el protocolo descrito en el Anexo IX del Real Decreto 487/2022 usando cloro como desinfectante.

En equipos de agua perdida pulverizada mediante boquillas, utilizando cloro como desinfectante, se procederá del siguiente modo:

- **Con depósito acumulador**

  - Clorar el depósito de agua con 20 mg/l de cloro residual libre, manteniendo el pH entre 7 y 8 y la temperatura por debajo de 30 ºC.
  - Hacer llegar a los pulverizadores la solución desinfectante. Se minimizará la generación de aerosoles, desmontando boquillas o utilizando cualquier otro procedimiento adecuado.
  - Mantener residuales de cloro como mínimo durante 3 h, verificando al menos 2 mg/l en los puntos finales de la red (pulverizadores).
  - Neutralizar el cloro residual libre del depósito y vaciar.
  - Limpiar a fondo las paredes del depósito, eliminando lodos e incrustaciones.
  - Aclarar con agua limpia y restablecer las condiciones habituales en el sistema.
  - Todas las partes desmontables de la instalación se sumergirán en una solución clorada u otro desinfectante autorizado con 20 mg/l de cloro residual libre durante al menos 30 min.

- **Sin depósito acumulador**

  - Dosificar 20 mg/l de cloro residual libre manteniendo el pH entre 7 y 8 y la temperatura por debajo de 30 ºC en el agua de aporte mediante una bomba dosificadora.
  - Hacer llegar a los pulverizadores la solución desinfectante. Se minimizará la generación de aerosoles, desmontando boquillas o utilizando cualquier otro procedimiento adecuado.
  - Mantener residuales de cloro como mínimo durante 3 h, verificando al menos 2 mg/l en los puntos finales de la red (pulverizadores).
  - Aclarar con agua limpia y restablecer las condiciones habituales en el sistema.
  - Todas las partes desmontables de la instalación se sumergirán en una solución clorada u otro desinfectante autorizado con 20 mg/l de cloro residual libre durante al menos 30 min.

Anexo 4

Parámetro	Nivel	Actuaciones correctoras
Legionella spp	>100 < 1000 Ufc/L.	Se revisará el programa de mantenimiento, a fin de establecer acciones correctoras adecuadas.
	≥ 1000 < 10000 Ufc/L	Se revisará el programa de mantenimiento, a fin de establecer acciones correctoras que disminuyan el recuento de *Legionella*. Limpieza y desinfección de choque, (desarrollado al final de esta tabla en *Protocolo A*). Confirmar el recuento aproximadamente a los 15 días y repetir el proceso hasta conseguir niveles < 1000 Ufc/L.
	≥ 10000 Ufc/L	Parar el funcionamiento de la instalación, vaciar el sistema en su caso. Limpieza y desinfección en caso de brote, (desarrollado al final de esta tabla en *Protocolo B*). Confirmar el recuento aproximadamente a los 15 días y repetir el proceso hasta conseguir niveles < 1000 Ufc/L.
Aerobios totales	≥ 100000 Ufc/ml.	Se revisará el programa de mantenimiento (especialmente limpieza y desinfección) a fin de establecer acciones correctoras que disminuyan la concentración de aerobios totales. Realizar una limpieza y desinfección de choque, Anexo IX, del Real Decreto 487/2022. Confirmar el recuento una vez completadas las acciones correctoras.

PROTOCOLO A:

- **Limpieza y desinfección de choque**

Una desinfección no será efectiva si no va acompañada de una limpieza exhaustiva. Las fuentes ornamentales se limpiarán como mínimo con periodicidad semestral, cuando se ponga en marcha la instalación por primera vez, tras una parada superior a un mes, tras una reparación o modificación estructural, cuando una revisión general así lo aconseje y cuando así lo determine la autoridad sanitaria. El protocolo general de limpieza y desinfección de choque de las fuentes ornamentales será el siguiente:

- En depósitos o balsas artificiales se vaciará, se limpiará a fondo la balsa de la fuente, se repararán las partes dañadas, se aclarará y se llenará con agua limpia.
- Si procede, se realizará una desinfección del depósito o balsa clorando con 20-30 mg/l de cloro residual libre a un pH 7-8 (u otro biocida autorizado de acuerdo con las especificaciones del fabricante), manteniendo estas condiciones durante 3 o 2 h respectivamente; neutralizar y vaciar. Se entiende que la bomba de recirculación deberá estar funcionando para que la solución desinfectante pase por todos los puntos del sistema (bombas de recirculación, conducciones, etc.), evitando al máximo la generación de aerosoles.
- Se realizará una desinfección de todas las partes desmontables, sumergiéndolas en una solución que contenga una concentración de 20 mg/l de cloro residual libre (u otro biocida autorizado de acuerdo con las especificaciones del fabricante) durante 30 min. Aclarar con agua fría. Los elementos difíciles de desmontar o sumergir se cubrirán con un paño limpio impregnado en la misma solución durante el mismo tiempo.

Continúa en página siguiente >>

<< Viene de página anterior

La limpieza de los filtros se realizará periódicamente, de acuerdo con sus características técnicas y requerimientos. Se recomienda como mínimo una limpieza mensual. Los equipos de filtración con lavado automático, por manómetro de presión diferencial o programación temporizada, no precisan intervención manual para su limpieza.

PROTOCOLO B:

- **Limpieza y desinfección en caso de brote**

Se utilizará cloro como desinfectante; el procedimiento será el siguiente:

- **Circuito con bomba sumergible**

Clorar con 15 mg/l de cloro residual libre a un pH de 7-8, y mantener durante 4 h (alternativamente se podrán utilizar cantidades de 20 o 30 mg/l de cloro residual libre, durante 3 o 2 h, respectivamente). Comprobar el nivel de cloro cada 15 min.
Añadir, si es necesario, biodispersante y anticorrosivo compatible con el cloro. Neutralizar el cloro y vaciar.
En depósitos o balsas artificiales vaciar y limpiar a fondo la balsa de la fuente, reparar las partes dañadas, aclarar y llenar con agua limpia.
Todas las partes desmontables se limpiarán a fondo y se sumergirán en una solución que contenga 20 mg/l de cloro residual libre durante 30 min. Aclarar posteriormente con agua fría. Los elementos difíciles de desmontar o sumergir se cubrirán con un paño limpio impregnado en la misma solución durante el mismo tiempo.

- **Circuito con recirculación a través de bomba externa**

Clorar con 15 mg/l de cloro residual libre a un pH de 7-8 y mantener durante 4 h con las bombas de recirculación en funcionamiento, evitando siempre la generación de aerosoles, desmontando las boquillas, disminuyendo el flujo de agua o por cualquier otro mecanismo adecuado, (alternativamente se podrán utilizar cantidades de 20 o 30 mg/l de cloro residual libre, durante 3 o 2 h, respectivamente). Comprobar el nivel de cloro cada 15 min.
Añadir si es necesario biodispersante y anticorrosivo compatible con el cloro. Neutralizar el cloro.
Vaciar y limpiar a fondo los depósitos y la balsa de la fuente, reparar las partes dañadas, aclarar y llenar con agua limpia.
Todas las partes desmontables se limpiarán a fondo y se sumergirán en una solución que contenga 20 mg/l de cloro residual libre durante 30 min. Aclarar posteriormente con agua fría. Los elementos difíciles de desmontar o sumergir se cubrirán con un paño limpio, impregnado en la misma solución durante el mismo tiempo.

Anexo 5

Elemento de la instalación	Periodicidad
Fuente: debe comprobarse que no presenta suciedad general, algas, lodos, corrosión, o incrustaciones. El agua debe estar clara limpia.	Trimestral
Boquillas: debe comprobarse mediante inspección visual exterior que no presentan suciedad general, corrosión o incrustaciones. La pulverización debe ser homogénea.	Semestral
Bombas de impulsión: debe comprobarse su correcto funcionamiento, así como que no presentan pérdidas ni se observan procesos de corrosión en ellas.	Semestral

Continúa en página siguiente >>

<< Viene de página anterior

Elemento de la instalación		Periodicidad
Filtros de agua: revisar que se encuentran correctamente instalados y en buenas condiciones higiénicas.	**Prefiltro bomba**	Mensual
	Filtro recirculación	Semestral
Equipos de desinfección del agua: comprobar su correcto funcionamiento.		Mensual

Anexo 6

Elemento de la instalación		Periodicidad
Circuito de riego: se controlará regularmente el correcto funcionamiento del sistema y la ausencia de fugas en el circuito.		Semestral
Boquillas: debe comprobarse mediante inspección visual exterior que no presentan suciedad general, corrosión o incrustaciones. La pulverización debe ser homogénea.		Semestral
Filtros de los aspersores: revisar que no se encuentren obstruidos. Limpiar o sustituir cuando sea necesario.	Si existe filtro de protección general	Semestral
	Si no existe filtro de protección general	Mensual
Equipos de tratamiento del agua: comprobar su correcto funcionamiento.	Equipos para la desinfección del agua de aporte	Semanal
	Otros equipos	Semestral

Anexo 7

Parámetro	Valor de referencia	Actuación correctora en caso de incumplimiento
Presencia de aerobios totales	≥100.000 Ufc/ml.	Se revisará el programa de mantenimiento, a fin de establecer acciones correctoras. Realizar una limpieza y desinfección de choque. Confirmar el recuento, aproximadamente a los 15 días y, si se mantiene superior al valor indicado, realizar una limpieza y desinfección en caso de brote. Confirmar el recuento de nuevo aproximadamente a los 15 días.

Continúa en página siguiente >>

<< Viene de página anterior

Parámetro	Valor de referencia	Actuación correctora en caso de incumplimiento
Legionella spp	>100 <1.000 Ufc/L.	Realizar limpieza y desinfección de choque según las siguientes indicaciones: *Limpieza y desinfección de choque* Todos los aspersores y difusores deben ser desinfectados como mínimo anualmente. Esta desinfección puede hacerse periódicamente y de forma rotatoria, desmontando todos los mecanismos internos de aspersores y difusores. Desinfectar sumergiéndolos en una disolución que contenga 20 mg/l de cloro residual libre durante 30 min, aclarando posteriormente con agua fría. Es posible, asimismo, utilizar un biocida alternativo autorizado, siguiendo las especificaciones del fabricante. Anualmente se deberán haber desinfectado todos los aspersores y difusores. Alternativamente, en aquellas instalaciones que lo permitan, también sería posible realizar la desinfección, introduciendo en toda la red (por ejemplo, a baja presión para que no exista pulverización) una solución que contenga 20 mg/l de cloro residual libre (u otro biocida alternativo autorizado); dejarla actuar durante 30 min y purgar posteriormente.
Legionella spp	≥ 1000 Ufc/L.	Realizar limpieza y desinfección según las siguientes indicaciones y hacer una nueva toma de muestras aproximadamente a los 15 días: *Limpieza y desinfección en caso de brote* Detener el funcionamiento del sistema de riego. Llenar todo el circuito con agua que contenga 20 mg/l de cloro residual libre durante 30 min, manteniendo el pH entre 7 y 8. En caso necesario, añadir biodispersantes capaces de actuar sobre la biocapa, y/o anticorrosivos compatibles en cantidades adecuadas. Una vez realizada la desinfección, la solución desinfectante se neutralizará, se tratará el agua adecuadamente y se conducirá al desagüe, aclarándose el sistema con agua limpia. Desmontar todos los mecanismos internos de aspersores y difusores y desinfectar sumergiéndolos en una disolución que contenga 20 mg/l de cloro residual libre durante 30 min, aclarando posteriormente con agua limpia. Los elementos exteriores difíciles de desmontar o sumergir se cubrirán con un paño limpio, impregnado en una disolución que contenga 20 mg/l de cloro residual libre durante 30 min, aclarándolos posteriormente con agua limpia.

Anexo 8

Elemento	Periodicidad
Funcionamiento de la instalación: realizar una revisión general del funcionamiento de la instalación, incluyendo todos los elementos, reparando o sustituyendo aquellos elementos defectuosos.	Anual
Estado de conservación y limpieza de los depósitos: debe comprobarse mediante inspección visual que no presentan suciedad general, corrosión o incrustaciones.	Semestral
Estado de conservación y limpieza de los puntos terminales (hidrantes, BIE, *sprinklers*, rociadores, etc.): debe comprobarse mediante inspección visual que no presentan suciedad general, corrosión o incrustaciones. Se realizará en un número representativo, rotatorio a lo largo del año de forma que al final del año se hayan revisado todos los puntos terminales de la instalación.	Semestral
Filtros y otros equipos de tratamiento y/o desinfección del agua (si se dispone de ellos): comprobar su correcto funcionamiento.	Trimestral

Anexo 9

Parámetro	Valor de referencia	Actuación correctora en caso de incumplimiento
Nivel de cloro o biocida utilizado	1 mg/l Cloro residual libre. Usar dispositivo automático, añadiendo anticorrosivo, compatible con el cloro, en cantidad adecuada.	Revisar y ajustar el sistema de dosificación de cloro o biocida cuando la concentración se encuentre por debajo del valor de referencia.
	Según fabricante.	
Temperatura	Según condiciones de funcionamiento.	No aplicable.
pH	6,5 - 9,0	Se valorará este parámetro a fin de ajustar la dosis de cloro a utilizar (UNE 100030) o de cualquier otro biocida.

Continúa en página siguiente >>

<< Viene de página anterior

Parámetro	Valor de referencia	Actuación correctora en caso de incumplimiento
Legionella spp	≥ 1000 < 10000 Ufc/L.	Se revisará el programa de mantenimiento, a fin de establecer acciones correctoras que disminuyan la concentración de *Legionella*. Limpieza y desinfección de choque. Confirmar el recuento aproximadamente a los 15 días y repetir el proceso hasta conseguir niveles <1.000 Ufc/L.
	≥ 10000 Ufc/L.	Parar el funcionamiento de la instalación, vaciar el sistema en su caso. Limpieza y desinfección en caso de brote. Confirmar el recuento aproximadamente a los 15 días y repetir el proceso hasta conseguir niveles <1.000 Ufc/L.

Anexo 10

Elemento de la instalación		Periodicidad
Funcionamiento de la instalación: realizar una revisión general del funcionamiento de la instalación, incluyendo todos los elementos, reparando o sustituyendo aquellos elementos defectuosos.		Anual
Estado de conservación y limpieza de los depósitos: debe comprobarse mediante inspección visual que no presentan suciedad general, corrosión o incrustaciones.		Semestral
Circuito de lavado: Se controlará regularmente el correcto funcionamiento del sistema y la ausencia de fugas en el circuito.		Semestral
Boquillas: debe comprobarse mediante inspección visual exterior que no presentan suciedad general, corrosión o incrustaciones. La pulverización debe ser homogénea.		Semestral
Pistolas de presión: Revisar que no se encuentren obstruidas. Limpiar o sustituir cuando sea necesario.		Semestral
Equipos de desinfección del agua: comprobar su correcto funcionamiento.	Equipos para la desinfección del agua.	Semanal
	Otros equipos.	Semestral

Anexo 11

Elemento de la instalación		Periodicidad
Funcionamiento de la instalación: realizar una revisión general del funcionamiento de la instalación, incluyendo a todos los elementos, reparando o sustituyendo aquellos elementos defectuosos.		Anual.
Estado de conservación y limpieza de los depósitos de acumulación: debe comprobarse mediante inspección visual que no presentan suciedad general, corrosión o incrustación.		Semestral
Boquillas de pulverización: debe probarse mediante inspección visual exterior que no presentan suciedad general, corrosión, o incrustaciones. La pulverización debe ser homogénea.		Semestral
Zonas muertas o con estancamiento del agua: purgar las válvulas de drenaje, dejando correr el agua unos minutos.		Semanal
Equipos de tratamiento del agua: comprobar su correcto funcionamiento.	Equipos para la desinfección del agua(si se dosifican biocidas, en este concepto se incluirá la determinación de su concentración en el circuito).	Semanal
	Otros equipos	Semestral

Ejercicios de autoevaluación
Unidad de Aprendizaje 2

1. **Ante una torre de refrigeración en la que el agua proceda de una captación propia tratada supone un riesgo estructural de nivel...**

    a. ... bajo.
    b. ... medio.
    c. ... alto.
    d. No existe ningún tipo de riesgo al respecto.

2. **Indica si las siguientes afirmaciones en relación a la valoración del riesgo en las Centrales Humidificadoras Industriales son verdaderas o falsas.**

    a. Un sistema humidificador sin sistema de recirculación no supone un factor de riesgo estructural para el control de legionela.

        ■ Verdadero
        ■ Falso

    b. Un sistema humidificador dotado de conductos largos en los que se acumulen gotas por decantación, requerirá de un sistema o mantenimiento que evite dicha acumulación.

        ■ Verdadero
        ■ Falso

    c. Un humidificador que presente durante su mantenimiento >1000 Ufc/L en torno a los parámetros microbiológicos de *Legionella spp,* no supone un factor de riesgo.

        ■ Verdadero
        ■ Falso

3. **Un equipo de enfriamiento evaporativo refleja durante su inspección una temperatura del agua en el sistema >30 °C. ¿Cómo se deberá proceder?**

   a. Se deberá aumentar el régimen de purgas.
   b. Se deberá actuar hasta conseguir una temperatura inferior a 5 °C en la instalación.
   c. Se llevará a cabo un tratamiento con el biocida adecuado.
   d. Todas las opciones son incorrectas.

4. **Los humectadores analizados a lo largo de la mañana durante el proceso de mantenimiento rutinario han dado como resultado en torno a los parámetros microbiológicos de *Legionella spp* de entre 180 y 183 Ufc/L. ¿Qué indica dicho parámetro?**

   a. Se trata de un factor medio en torno al índice global, por lo que se tendrán que tomar medidas al respecto.
   b. No entraña ningún peligro, tratándose de un factor bajo.
   c. Se trata de un factor alto en torno al índice global, debiéndose paralizar el uso de la instalación.
   d. Todas las opciones son incorrectas.

5. **En una fuente ornamental que hace uso de agua procedente de una captación propia se indica un factor medio como factor de riesgo estructural, implicando una serie de acciones a considerar. ¿Cuál debe ser la periodicidad de dichos tratamientos?**

   a. Fuente
   b. Boquillas
   c. Bombas de impulsión
   d. Prefiltro bomba de agua
   e. Filtro de recirculación de agua
   f. Equipos de desinfección del agua

   __ Mensual
   __ Mensual
   __ Trimestral
   __ Semestral
   __ Semestral
   __ Semestral

Definición de biocidas y productos químicos a usar

Contenido

1. Introducción
2. Biocidas. Definición y tipos.
3. Elegir el adecuado para cada
   una de las instalaciones de
   riesgo en las que legionela
   puede proliferar y diseminarse
4. Resumen

Objetivos

El objetivo general de esta Unidad de Aprendizaje es:

→ Reconocer los biocidas y productos químicos a utilizar en cada una de las instalaciones de riesgo en las que la legionela puede proliferar y diseminarse.

Los objetivos específicos de esta Unidad de Aprendizaje son:

→ Enumerar los tipos de biocidas existentes, distinguiendo aquellos específicos para el tratamiento y mantenimiento de las instalaciones de riesgo en las que la legionela puede proliferar y diseminarse.

→ Diferenciar entre biocidas oxidantes y no oxidantes, así como sus características de actuación.

→ Interpretar el número de registro asignado a los biocidas.

1. Introducción

Para el **control y mantenimiento de las instalaciones con riesgo de proliferación de *Legionella*** hay que conocer tanto el procedimiento de revisión como saber interpretar los valores que indican su evaluación, pudiendo así actuar al respecto.

Conocidos ambos aspectos, ahora es importante centrar el estudio en dar a conocer los **productos destinados a dicho control.** Para ello, se comenzará con una pequeña introducción sobre la descripción de los biocidas, para a continuación profundizar en torno a sus características, efectividad, normas de uso, tipos, etc., todo ello basado en los datos aportados por la normativa vigente que los regula, el Real Decreto 487/2022.

Para el desarrollo del contenido nos basaremos en los hechos acontecidos en la empresa de prevención y mantenimiento Hermanos García Bravo, desarrollando mediante situaciones cotidianas los aspectos más importantes en torno al uso y características de los productos implicados en el control de *Legionella*.

2. Biocidas. Definición y tipos

👉 HILO CONDUCTOR

Aunque la normativa vigente obliga a renovar los conocimientos sobre *Legionella* cada cinco años, la política de seguridad implantada en la empresa Hermanos García Bravo propone un seminario anual, en el que se exponen entre otros conceptos las características de los productos utilizados, así como su correcta utilización.

- -

Los **biocidas** son sustancias activas, preparados o microorganismos, cuyo objetivo es **contrarrestar o neutralizar cualquier organismo nocivo** por medios biológicos o químicos. El Reglamento (UE) n.° 528/2012 presenta en su Anexo V a los biocidas, estableciendo cuatro grupos, que a su vez diferencian 22 tipos, según sus componentes, características de actuación y eficacia.

Dicha clasificación corresponde a la siguiente:

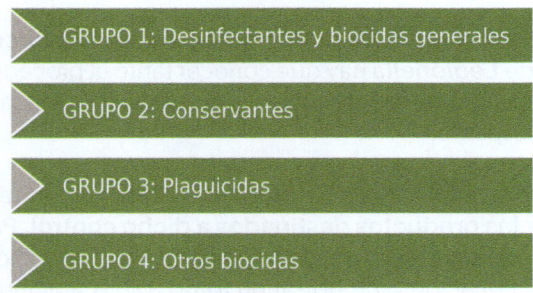

GRUPO 1: Desinfectantes y biocidas generales

GRUPO 2: Conservantes

GRUPO 3: Plaguicidas

GRUPO 4: Otros biocidas

El GRUPO 1 se denomina **desinfectantes y biocidas generales,** en él se puede realizar la siguiente clasificación:

- **TP1: Biocidas para la higiene humana.** Se trata de productos empleados con fines de higiene humana, aplicables sobre la piel o el cuero cabelludo, teniendo como finalidad desinfectar la zona tratada.
- **TP2: Desinfectantes y alguicidas no destinados a la aplicación directa a personas o animales.** Se trata de productos empleados para la desinfección de materiales, equipos, superficies, etc., que no entran en contacto con los alimentos o piensos. Su utilización común incluye el tratamiento de aguas de baño, piscinas, sistemas de aire acondicionado, etc., la desinfección del aire o el tratamiento contra algas, entre otras funciones.
- **TP3: Biocidas para la higiene veterinaria.** Se trata de productos utilizados tanto para la desinfección de materiales y superficies en contacto con los animales (alojamiento, transporte, etc.) como para fines de higiene veterinaria.
- **TP4: Desinfectantes para los equipos, recipientes, utensilios y superficies que están en contacto con los alimentos y piensos.** Se trata de productos utilizados para la desinfección de equipos y útiles relacionados con la producción, transporte, almacenamiento o consumo de alimentos y piensos para personas y animales.
- **TP5: Desinfectantes empleados en la desinfección del agua potable.** Se trata de productos utilizados para la desinfección del agua potable, ya sea para el consumo animal o humano.

El GRUPO 2 se denomina **conservantes,** en él se puede realizar la siguiente clasificación:

- **TP6: Conservantes para los productos durante su almacenamiento.** Se trata de productos utilizados para la conservación de productos manufacturados que no sean alimentos, piensos, etc., con el fin de prolongar su vida útil.

- **TP7: Conservantes para películas.** Se trata de productos utilizados para la conservación de películas o recubrimientos mediante el control del deterioro microbiano o del crecimiento de algas.
- **TP8: Protectores para maderas.** Se trata de productos empleados en la protección de madera mediante el control de los organismos que la destruyen o alteran, incluidos los insectos.
- **TP9: Protectores de fibras, caucho, cuero y materiales polimerizados.** Se trata de productos utilizados para la conservación de materiales como el cuero, el caucho o el papel, impidiendo el depósito de microorganismos en su superficie.
- **TP10: Conservantes de materiales de construcción.** Se trata de productos adicionados a materiales de albañilería distintos a madera, para el control de ataques microbianos y por algas.
- **TP11: Protectores para líquidos utilizados en sistemas de refrigeración y en procesos industriales.** Se trata de productos empleados en la conservación del agua o líquidos utilizados en los sistemas de refrigeración y procesos industriales, en los que pueden afectar microorganismos nocivos como microbios, algas, etc., no incluyéndose los productos utilizados para la desinfección del agua de piscina o aguas potables.
- **TP12: Productos antimoho.** Se trata de productos empleados para el control de proliferación de mohos sobre los materiales, equipos y estructuras utilizadas en procesos industriales.
- **TP13: Protectores de líquidos empleados para trabajar o cortar materiales.** Se trata de productos empleados para controlar el deterioro microbiano de los líquidos utilizados en torno al corte o trabajo de metales, cristales u otros materiales.

El GRUPO 3 se denomina **plaguicidas,** en él se puede realizar la siguiente clasificación:

- **TP14: Rodenticidas.** Se trata de productos empleados en el control de roedores por medios distintos a la repulsión o atracción.
- **TP15: Avicidas.** Se trata de productos empleados en el control de aves por medios distintos a la repulsión o atracción.
- **TP16: Mulusquicidas, vermicidas y productos para controlar otros invertebrados.** Se trata de productos empleados en el control de moluscos, gusanos e invertebrados por medios distintos a la repulsión o atracción.
- **TP17: Piscicidas.** Se trata de productos utilizados en el control de los peces por medios distintos a la repulsión o atracción.
- **TP18: Insecticidas, acaricidas y productos para controlar otros artrópodos.** Se trata de productos utilizados en el control de artrópodos por medios distintos a la repulsión o atracción.
- **TP19: Repelentes y atrayentes.** Se trata de productos empleados en el control de los organismos nocivos, tanto vertebrados como invertebrados mediante repulsión o atracción.

● **TP20: Control de otros animales vertebrados.** Se trata de productos utilizados para el control de vertebrados distintos de los cubiertos por los demás tipos de productos, por medios distintos a la repulsión y la atracción.

El GRUPO 4 se denomina **otros biocidas,** en él se puede realizar la siguiente clasificación:

● **TP21: Productos antiincrustantes.** Se trata de productos empleados para el control de la fijación y crecimiento de organismos incrustantes en equipos de acuicultura u otras estructuras acuáticas.
● **TP22: Líquidos para embalsamamiento y taxidermia.** Se trata de productos empleados en la desinfección y conservación de cadáveres de animales o humanos o partes de los mismos.

NOTA

Para facilitar la búsqueda de información sobre las sustancias químicas autorizadas en Europa se estableció, a partir del 20 de marzo de 2016, una estructura de búsqueda dividida en tres niveles, diferenciando:

• **La tarjeta informativa:** resumen sobre información fundamental de una sustancia química (dónde se usa, peligros y precauciones a tomar, etc.).
• **El perfil breve:** facilita información sobre las propiedades fisicoquímicas del producto químico.
• **Fuente de datos:** incluye los datos sin procesar presentados por las empresas a la ECHA en los expedientes REACH.

PARA SABER MÁS

ECHA *(European Chemicals Agency)* es una fuente única de información sobre las sustancias químicas que se fabrican e importan en Europa y recoge sus propiedades peligrosas, su etiquetado, su clasificación e información para un uso seguro. Puedes acceder a ella a través del siguiente enlace:

Continúa en página siguiente >>

<< Viene de página anterior

https://redirectoronline.com/legionella0301

 TAREA 9

Con el fin de conocer los avances en torno a la prevención de *Legionella,* te dispones a analizar el informe basado en la presentación de los diferentes grupos y tipos de biocidas regulados por la normativa vigente.

En base a esto, realiza un resumen en el que se expongan aquellos que se relacionan con el tratamiento de las instalaciones, con riesgo de proliferación de *Legionella,* para darlo a conocer dentro de tu organización.

---

3. Elegir el adecuado para cada una de las instalaciones de riesgo en las que legionela puede proliferar y diseminarse

 HILO CONDUCTOR

Hasta ahora, la empresa Hermanos García Bravo ha estado utilizando en los sistemas con riesgo de proliferación de *Legionella* un biocida con base de cloro, obteniendo muy buenos resultados. No obstante, ha comprobado que existe una amplia gama destinada al tratamiento, diferenciando en primer lugar entre los productos "no oxidantes" y "oxidantes", siendo en esta última gama en la que se encuadra el cloro.

Conocida la clasificación y características de las sustancias activas, preparados o microorganismos destinados a la destrucción o control mediante acción química o biológica, a continuación se presentan aquellas que son características en la **prevención, control y neutralización en las instalaciones con riesgo de proliferación de *Legionella*,** diferenciando entre los compuestos:

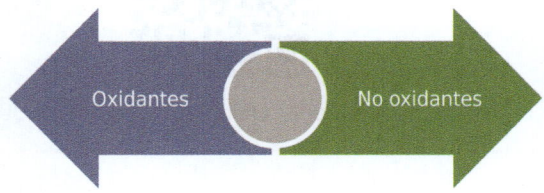

Dentro de los **oxidantes,** se diferencian como principales los siguientes productos:

- **Cloro:** siendo uno de los biocidas más utilizados, su uso viene determinado por factores como la temperatura del agua, el nivel de pH y el tiempo de contacto, como factores determinantes.
- **Dióxido de cloro:** se trata de un biocida oxidante activo, con menos efectos perjudiciales para el ambiente y la salud humana que el cloro.
- **Isocianatos de cloro:** se trata compuestos órgano-clorados que mediante la hidrólisis dan procesos en los que la acción biocida se ve realzada.
- **Hipoclorito:** se trata de la sal del ácido hipocloroso. Aplicado normalmente como hipoclorito de sodio e hipoclorito de calcio, tienen el mismo funcionamiento que el cloro, pero menos eficaz.
- **Ozono:** actúa de la misma forma que el cloro, siendo el nivel de pH determinante para establecer la cantidad a aplicar, así como la temperatura o los compuestos orgánicos. Es más respetuoso que el cloro, siendo suficiente la aplicación de 0,5 PPM de ozono a los sistemas de agua.

Dentro de los **no oxidantes,** se diferencian como principales los siguientes productos:

- **Acrolina:** siendo muy eficaz, es una sustancia poco usada, por ser extremadamente inflamable y tóxica. Su uso frente a los oxidantes tiene una ventaja ambiental, por ser fácilmente desactivada mediante el uso de sulfito de sodio.
- **Aminas:** su capacidad de matar a los microorganismos hace que sean usados como biocidas, pudiendo potenciar el efecto de los compuestos fenólicos clorados cuando se adicionan de agua.
- **Fenoles tratados con cloro:** su uso incide en el crecimiento de los microorganismos, siendo este el principio de su utilización.

- **Sales de cobre:** aunque por sus propiedades hacen que puedan ser utilizados como biocidas, sus características corrosivas, contaminantes y tóxicas limitan su utilización, siendo en la actualidad su uso muy limitado.
- **Compuestos órgano sulfúrico:** su uso inhibe el crecimiento de las células, aceptando diversas gamas de pH.
- **Sales cuaternarias de amonio:** son productos tensoactivos que destruyen la pared de las células, siendo los más eficaces contra bacterias en gamas alcalinas de pH. Su uso es limitado cuando está presente el aceite, pudiendo causar espuma.

 PARA SABER MÁS

Presentada la clasificación y tipos de biocidas, es importante profundizar en torno a los requerimientos de su aplicación. Para ello, accede al siguiente enlace en el que podrás ver el procedimiento a llevar a cabo para la limpieza y desinfección, diferenciando entre los dispositivos, y la situación o actuación requerida, sea de mantenimiento, de choque o de desinfección, en caso de brote.

https://redirectoronline.com/legionella0302

Dada la importancia del conocimiento de los diferentes biocidas y/o productos químicos utilizados en la lucha contra existiendo un registro oficial, asignando a cada producto un número de registro, compuesto por tres grupos numéricos (AA-BB-CCCCC), mediante los que se dan a conocer:

Donde:

- **AA:** indica las dos últimas cifras correspondientes al año en el que se inscribe o renueva la autorización del producto.
- **BB:** da a conocer el carácter de la plaga a tratar y es fijo para cada producto, diferenciando entre:

  - 00: Ingrediente activo técnico.
  - 10: Raticida.
  - 20: Bactericida.
  - 30: Insecticida.
  - 40: Fungicida.
  - 50 Otros (repelentes, atrayentes, etc.).
  - 60: Desinfectantes y alguicidas para piscinas.
  - 80: Protectores de la madera.
  - 90: Viricida.
  - 100: Desinfectantes para el tratamiento contra *Legionella pneumophila*.

- **CCCCC:** corresponde al número de registro, fijo para cada producto.

El número de registro a su vez puede estar complementado con las siglas HA, quedando AA-BB-CCCCC-HA, indicando esta sigla que el producto está autorizado para su uso en la industria alimentaria, siempre aplicado por personal especializado o profesional en ausencia total de alimentos y respetando el plazo de seguridad indicado en la Resolución, si está fijado.

Al mismo tiempo, hay que tener presentes las indicaciones dadas por el Reglamento (UE) n.º 528/2012, ya que establece los procedimientos y datos requeridos para llevar a cabo el registro de Biocidas.

 **EJEMPLO**

Un producto identificado con el siguiente número de registro 17-100-00587 indica que:

- Su fecha de inscripción fue en el año 2017 o bien su inscripción se renovó en dicho año.
- Se trata de un producto desinfectante para el tratamiento de la *Legionella*.
- Tiene como número de registro el 00587.

ACTIVIDAD COMPLEMENTARIA

2. Lleva a cabo una búsqueda de los productos biocidas inscritos en el Registro Oficial de biocidas. Para ello, accede al siguiente enlace donde se expone la lista actualizada, regulada por el ministerio competente, localizando algunos de los más utilizados en relación al tratamiento de la *Legionella*.

https://redirectoronline.com/legionella0303

 TAREA 10

Hasta la empresa Hermanos García Bravo ha llegado un nuevo producto biocida. Se trata del producto con número de registro 03-100-00258, en el que el principal componente es el hipoclorito.

Como responsable de la incorporación de nuevos productos a la empresa, deberás identificar si se trata de un producto oxidante o no oxidante, exponiendo además sus características de actuación. Asimismo, justifica si incluirías o no dicho producto entre los utilizados para el tratamiento de las instalaciones con riesgos de *Legionella* a fecha actual, basándote en la interpretación del número de registro asignado.

---

4. Resumen

Los **biocidas** son sustancias activas, preparados o microorganismos, cuyo objetivo es **contrarrestar o neutralizar cualquier organismo nocivo** por medios biológicos o químicos.

Su clasificación diferencia cuatro grupos, que son:

Dicha clasificación diferencia además 22 tipos, de los que hay que destacar, entre otros, todos ellos correspondiente al GRUPO 1, los denominados:

- ⊃ TP1: Biocidas para la higiene humana.
- ⊃ TP2: Desinfectantes y alguicidas no destinados a la aplicación directa a personas o animales.
- ⊃ TP4: Desinfectantes para los equipos, recipientes, utensilios y superficies que están en contacto con los alimentos y piensos.
- ⊃ TP5: Desinfectantes empleados en la desinfección del agua potable.

Las sustancias utilizadas en el ámbito de la **prevención y control de la *Legionella*** diferencian a su vez entre los **compuestos oxidantes y no oxidantes,** comercializados bajo expresa autorización del ministerio competente, que les asignará un **número de registro** pertinente, expresando la fecha de inscripción o renovación del producto, el tipo de plaga a tratar y el número de registro, todo ello con el fin de asegurar su correcta utilización.

Ejercicios de autoevaluación
Unidad de Aprendizaje 3

1. ¿En qué grupo se encuentran los desinfectantes y biocidas según la normativa vigente?

   a. Grupo 1
   b. Grupo 2
   c. Grupo 3
   d. Grupo 4

2. Relaciona las siguientes sustancias con el grupo al que pertenecen:

   a. Grupo 1
   b. Grupo 2
   c. Grupo 3
   d. Grupo 4

   __ Productos antiincrustantes
   __ Biocidas para higiene veterinaria
   __ Productos antimoho
   __ Rodenticidas

3. Indica si son verdaderas o falsas las siguientes afirmaciones:

   a. El cloro y dióxido de carbono se clasifican como productos no oxidantes.

      ■ Verdadero
      ■ Falso

   b. El uso del hipoclorito de sodio o calcio tiene el mismo funcionamiento que el cloro, pero su uso resulta más eficaz.

      ■ Verdadero
      ■ Falso

c. El uso de ozono no se verá relacionado con el nivel de pH durante la aplicación.

- Verdadero
- Falso

4. **Indica cuáles de las siguientes sustancias se clasifican como no oxidantes:**

a. Acrolina.
b. Sales de cobre.
c. Dióxido de carbono.
d. Isocianatos de cloro.
e. Compuestos órgano-sulfúrico.

5. **El biocida registrado bajo el número 13-100-06759 indica que...**

a. ... ha sido registrado en el año 2013, tratándose de un desinfectante para tratamiento de *Legionella* con número de registro 06759.
b. ... su año de vencimiento fue el 2013 y es un alguicida para piscinas.
c. ... se trata de un biocida de uso general con número de registro 06759, con fecha de vencimiento el año 2015.
d. ... se trata de un bactericida común con fecha de caducidad el 31/12/2013.

Ejecución de los diferentes procesos

Contenido

1. Introducción
2. La toma de muestras
3. Certificación y acreditación
4. Resumen

Objetivos

El objetivo general de esta Unidad de Aprendizaje es:

→ Conocer el proceso a llevar a cabo para la correcta toma de muestras para aislamiento de legionela, cumpliendo con las necesidades de certificación y acreditación actuales.

Los objetivos específicos de esta Unidad de Aprendizaje son:

→ Reconocer los parámetros correctos de actuación en la toma de muestras para el aislamiento de legionela.

→ Identificar las pautas a imponer en la toma de muestras, según las características de las instalaciones de recogida.

→ Diferenciar las necesidades de certificación y acreditación referidas a los procesos llevados a cabo para el control de legionela.

1. Introducción

Conocer el programa de mantenimiento, así como los aspectos técnicos, puntos críticos y biocidas relacionados con toda instalación susceptible de proliferación de *Legionella,* es tan importante como saber actuar ante la necesidad de llevar a cabo una toma de muestra destinada al **análisis de la bacteria causante de la *Legionella,*** por lo que esta unidad se centrará en su correcta descripción, ya que las **pautas correctas para llevar a cabo una toma de muestras** para el aislamiento de *Legionella,* permitirán la imposición adecuada del tratamiento requerido, estando recogido en el Anexo VI del Real Decreto 487/2022.

En cuanto a la **certificación y acreditación** se debe hacer referencia tanto a las muestras como a los laboratorios de análisis, siendo importante, además de la citada normativa, la certificación en **normativas complementarias especializadas** en los procesos, como pueden ser la Norma UNE 100030:2023, referida a la prevención y control de la proliferación y diseminación de *Legionella* en instalaciones, ISO 5667-3:2019, referida a la conservación y manipulación de las muestras de agua, ISO/IEC DIS 17025:2017, referida a los registros generales para la competencia de los laboratorios de ensayo y calibración, y la Norma UNE EN ISO 9001, en torno a los sistemas de gestión de la calidad.

Para el desarrollo del contenido nos basaremos en los hechos acontecidos en la empresa de prevención y mantenimiento Hermanos García Bravo, desarrollando mediante situaciones cotidianas los aspectos más importantes.

2. La toma de muestras

👉 HILO CONDUCTOR

Hoy se han recogido varias muestras para el aislamiento de *Legionella* de distintas instalaciones, pero la falta de higiene en el proceso ha propiciado que se tenga que repetir nuevamente el proceso.

Como responsable de la empresa de mantenimiento Hermanos García Bravo, Marta va a tomar cartas en el asunto, revisando los procesos de ejecución implantados hasta ahora, teniendo presentes cada una de las exigencias dadas por normativa.

Para llevar a cabo una correcta toma de muestras destinadas al análisis de *Legionella spp,* se deberá actuar en base a los protocolos impuestos por el Real Decreto 487/2022, de 21 de junio; en concreto, en su Anexo VI en el que se especifica el protocolo de toma y transporte de muestras, siendo medidas generales las relacionadas con las **características del recipiente** utilizado, las necesidades de **uso de desinfectantes** y los **tiempos** y **temperaturas** relacionadas con el proceso. En base a estos principios, se indica que:

- El recipiente o envase debe permitir albergar el volumen mínimo de recogida, ser estéril y presentar cierre hermético. Además podrá incluir el neutralizante o permitir su adición. Además, sus características deben cumplir con la norma UNE-EN ISO 19458:2007. Como volumen en mililitros se tiene que si el ensayo está dirigido a Aerobios totales, será suficiente con una muestra de entre 50 y 100 ml. En cambio, para ensayos relacionados con el estudio de *Legionella spp,* se establece como volumen mínimo 1000 ml.
- De no añadir neutralizante en el proceso de toma de muestra, se deberá informar y registrar de forma adecuada al laboratorio.
- La fiabilidad de los resultados de análisis se ven alterados con el paso del tiempo, lo que hace necesario exigir que para ensayos de aerobios totales, el tiempo deberá ser inferior a 24 h. En el caso del estudio de *Legionella spp,* es posible diferenciar dos rangos, en base a la temperatura del entorno de la muestra, teniendo un tiempo de entre 24 y 48 h para una temperatura de 5 ± 3 °C y de menos de 24 h para una temperatura de entre 6 y 18 °C.
- Se debe evitar la exposición a la luz y al calor de la muestra.
- No transportar en el mismo lugar muestras con temperaturas muy diferentes.
- En el caso de muestras para *Legionella spp,* el proceso debe contemplar las recomendaciones de la ONU, el Acuerdo Europeo de Transporte Internacional de Mercancías Peligrosas por Carretera o el Reglamento sobre Mercancías Peligrosas de la Asociación de Transporte Aéreo Internacional IATA-DRG.

 **RECUERDA**

Los recipientes utilizados para la toma de muestra de *Legionella pneumophila,* en caso de requerir transporte deben estar contenidos en un embalaje secundario a prueba de filtraciones y un paquete externo que proteja al secundario y su contenido de agresiones externas, como se recoge en el Acuerdo Europeo de

Continúa en página siguiente >>

<< Viene de página anterior

Transporte Internacional de mercancía Peligrosas por Carretera o el Reglamento sobre Mercancías Peligrosas de la Asociación de Transporte Aéreo Internacional.

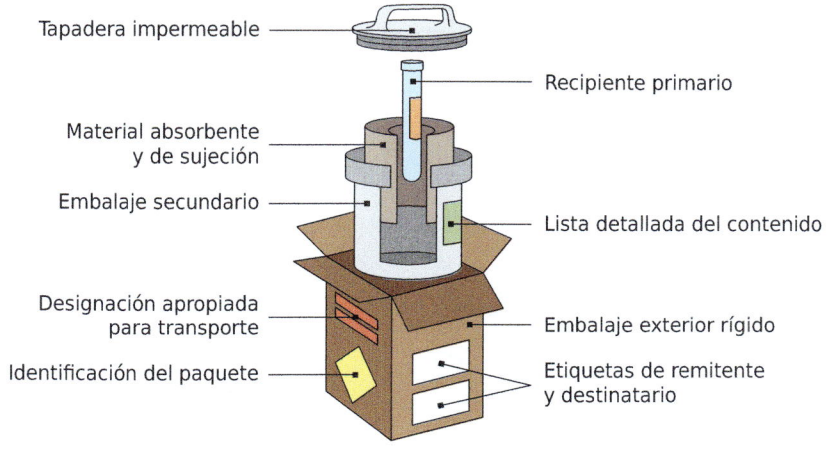

Recuerda que la muestra tomada deberá **garantizar su traslado hasta el lugar de análisis,** debiendo contemplar como principales premisas para ello, las siguientes:

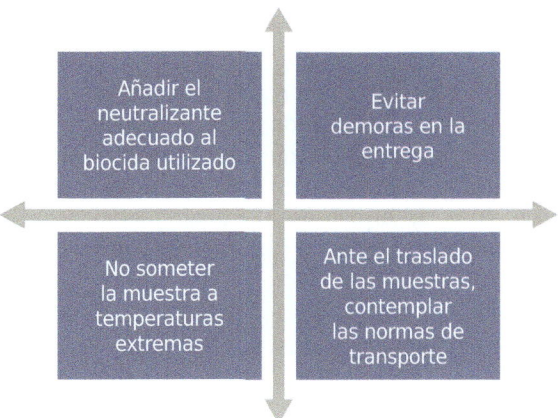

NOTA

Las normas de transporte se reflejan en las siguientes normativas:

Acuerdo Europeo de Transporte Internacional de Mercancías Peligrosas por Carretera (ADR 2019)	**Reglamento sobre Mercancías Peligrosas de la Asociación de Transporte Aéreo Internacional IATA-DRG**

https://redirectoronline.com/legionellanota0301

https://redirectoronline.com/legionellanota0302

ACTIVIDAD COMPLEMENTARIA

3. Busca información complementaria sobre las normas de transporte referidas anteriormente, destacando los principios más importantes en torno al transporte de las tomas de muestras, con el fin de conocer los principios determinantes a implantar en tu día a día. ¿Aplicabas hasta ahora dichos principios en el desarrollo de tu trabajo diario? ¿Qué irregularidades has cometido hasta ahora? ¿Qué mejoras introducirías en la gestión llevada a cabo hasta ahora?

2.1. Protocolo de toma de muestras general

☞ HILO CONDUCTOR

Siguen produciéndose errores en el proceso de toma de muestras llevado a cabo por la empresa Hermanos García Bravo. En este caso se trata de un error en torno a la preparación del recipiente esterilizado para la toma de muestras de *Legionella pneumophila,* pues se le ha añadido un neutralizante erróneo, por lo que el resultado de la muestra no será concluyente.

- -

Para llevar a cabo un correcto proceso de toma de muestra será imprescindible contar de forma previa con un Plan de Prevención y Control de Legionella (PPCL), siendo el titular de la instalación el responsable de elaborar e implantar dicho plan adaptado a las particularidades de la instalación.

En cuanto al protocolo a llevar a cabo, es necesario contemplar los dispuesto en el anexo V y VI del citado Real Decreto, así como los principios dispuestos en su artículo 8.

Centrándonos en el anexo V, si indica que el muestreo debe ser representativo asegurando la revisión de los puntos de muestreo identificados, incluyendo el estudio de parámetros microbiológicos, físicos, químicos y físico-químicos.

De forma general el proceso de toma de muestra requiere adquirir una muestra microbiológica suficiente, que incluya una toma de muestra de biocapa mediante raspado con torunda, si procede, así como asegurar un llenado de envases suficiente, diferenciando entre aquellos que incluyen o no neutralizante. Dichos procesos deben ser llevados a cabo imponiendo unas prácticas correctas de higiene, así como haciendo uso de materiales y reactivos autorizados, siendo premisas al respecto las siguientes:

- ➲ **Reactivos y materiales para la toma de muestras.** Se debe contar con medidor de biocida *in situ,* termómetro, neutralizante específico del biocida, dispositibvos de refrigeración, herramientas para la manipulación de los puntos de muestreo, guantes desechables, torundas estériles y tubos de transporte estériles, alcohol, pospositivo para flameado,...
- ➲ **Prácticas correctas de higiene en la toma de muestras.** A fin de minimizar la contaminación en el proceso de toma de muestra será necesario hacer un lavado efectivo de manos, así como usar guantes desechables. En ningún caso se debe ingerir alimento o bebidas durante el proceso,

ni fumar. A su vez, tener presente no introducir ningún objeto en el recipiente que contiene la muestra.

Además de las generalidades establecidas, el proceso de toma de muestras, indican como necesario diferenciar entre los distintos sistemas, teniendo protocolos propios y específicos, como se detalla a continuación.

Sistemas de agua sanitaria

Los sistemas de agua sanitaria permiten diferenciar en base a la temperatura de sus instalaciones entre: agua caliente sanitaria (ACS) y agua fría de consumo humano (AFCH). El proceso de toma de muestras en cada una de estas instalaciones permite diferenciar los siguientes casos:

- **Acumuladores de agua caliente sanitaria.** En este tipo de instalación, la toma de muestras se llevará a cabo preferiblemente en la parte baja del acumulador, observando que si la entrada de agua fría está en dicha parte, deberá ser previamente cerrada. Contemplar la posible necesidad de drenar el agua del primer vertido en caso de existir manguera o conducción hasta el desagüe. Recoger la cantidad suficiente, anotando la temperatura de la muestra, así como cualquier dato establecido en el programa de muestreo.
- **Depósitos de agua fría de consumo.** En este tipo de instalación, la muestra puede ser adquirirda de la parte baja del depósito a través de la purga o bien, si el depósito es accesible del interior del depósito, recogiendo en este caso la muestra del punto más alejado del punto de aporte de agua.
- **Puntos terminales (duchas y grifos).** Diferenciar entre los procesos relacionados con agua caliente y fría. A su vez, diferenciar entre el proceso de muestreo con o sin purga, dejando o no correr el agua en cada caso de forma previa a la toma de muestra. En ambos casos, recoger el volumen necesario para los ensayos, medir la temperatura del agua, así como anotar el resto de parámetros.
- **Circuito de retorno de ACS.** Para esta instalación se establece como correcto el proceso llevado a cabo para los puntos terminales con purga, dejando correr el agua, para estabilización, al menos durante un minuto.

Torres de refrigeración y condensadores evaporativos

La toma de muestras de las torres de refrigeración y condensadores evaporativos indican como necesario en el proceso el cumplimiento de tres premisas, siendo:

- Tomar el volumen de muestra necesaria para los ensayos microbiológicos.
- Determinar temperatura y resto de parámetros a determinar in situ según lo establecido en el programa de muestreo.
- Recoger cantidad de muestra necesaria para el estudio de parámetros físico-químicos a analizar en el laboratorio.

Sistemas de agua climatizada o con temperaturas similares a las climatizadas (≥24 °C) y aerosolización con/sin agitación y con/sin recirculación a través de alta velocidad o la inyección de aire, vasos de piscinas polivalentes con este tipo de instalaciones...

La toma de muestras en este tipo de instalaciones se llevará a cabo cumpliendo con las siguientes especificaciones:

- La muestra de agua del vaso requiere de la apertura previa de los difusores de agua y soplantes de aire durante al menos un minuto y sumergiendo el envase a una profundidad de unos 30 cm en el agua en posición prácticamente horizontal, pero con la boca del envase apuntando hacia arriba para que no se disperse el neutralizante del envase.
- La toma de muestra se tomará en el retorno, en el punto más alejado o zona de recirculación.
- Si la toma de muestra se lleva a cabo en uno de los difusores se llevará a cabo siguiendo los pasos descritos en los puntos terminales.
- Anotar temperatura así como resto de parámetros determinados en el programa de muestreo.

NOTA

En el caso de requerir la toma de muestras en otro tipo de instalaciones de las descritas hasta ahora, se procederá como en los casos descritos para los sistemas de agua sanitaria y los sistemas de agua climatizada o con temperaturas similares a las climatizadas.

2.2. Protocolo de toma de muestras de biocapa para análisis de Legionella

De forma específica, se determina que en los casos en los que la declaración de casos/brotes de legionella puedan estar asociados a la instalación, cuando se pretenda comprobar la eficacia en los procesos de limpieza y desinfección de choque, así como en los casos en los que la autoridad sanitaria lo requiera, entre otros casos, el proceso de toma de muestra indica la necesidad de raspado con torundas estériles de algodón o de otros materiales sintéticos de las superficie a muestrear, diferenciando entre los siguientes casos:

Para puntos terminales:

- ⊃ Quitar el aireador del cabezal de la ducha o grifo.
- ⊃ Insertar torunda en el grifo o cabezal de la ducha haciéndolo girar tres veces sobre la superficie interna y raspar filtro o cabezal si aparece biocapa de forma evidente.
- ⊃ Introducir torunda en el tubo estéril con solución adecuada según norma UNE EN ISO 11731:2017 Calidad del agua.
- ⊃ Cerrar tubo para evitar fugas.

Para otras instalaciones.

Se procederá con el raspado de las superficies en contacto con el agua y/o los extremos accesibles de las conducciones o boquillas

 **NOTA**

La torunda no se debe introducir en el interior de envases destinados a ensayos físico-químicos o microbiológicos incluido *Legionella spp,* sin torunda, a fin de evitar la alteración del proceso analítico y resultados obtenidos.

*Para la toma de muestras se adoptarán las medidas higiénicas pertinentes
y se usarán los EPI necesarios para evitar riesgos, como guantes, gorro, etc.*

 TAREA 11

A lo largo de la jornada laboral de hoy, como responsable de mantenimiento de la empresa Hermanos García Bravo, te tienes que desplazar hasta varias localidades con el fin de tomar muestras en diferentes instalaciones. Concretamente se trata de las siguientes:

- Torre de refrigeración en centro hospitalario.
- Fuente de la Plaza Mayor de la ciudad de Madrid.
- El sistema de agua contra incendios de un hotel.

Para ello, en primer lugar te dispones a preparar cada uno de los instrumentos necesarios para afrontar dicha labor, que supone además el desplazamiento en coche.

Como técnico, indica los parámetros que debes tener presentes para la toma de muestras de cada una de las instalaciones, describiendo además los instrumentos utilizados, así como el procedimiento a seguir. Asimismo, indica qué factores pueden ser determinantes en el proceso de toma de muestras.

3. Certificación y acreditación

☞ HILO CONDUCTOR

Hasta las instalaciones de la empresa Hermanos García Bravo llega un nuevo cliente para contratar sus servicios, ya que va a abrir un parque acuático y quiere que se encarguen del mantenimiento de las instalaciones, con el fin de controlar la calidad del agua en las instalaciones con riesgo de proliferación de *Legionella*.

Por parte de la empresa, se le indica al cliente que no habrá ningún problema, mostrándole toda la documentación referida a la certificación y acreditación de la empresa, así como del personal y los procedimientos.

- -

La implantación de un correcto **protocolo en torno al proceso de toma de muestras frente a *Legionella*** es fundamental, ya que será el único medio que permita conocer el estado sanitario de las instalaciones, sabiendo actuar ante posibles irregularidades.

Por ello, además de las premisas consideradas por el **Real Decreto 487/2022,** existen **certificaciones complementarias,** como pueden ser:

- ➲ UNE 100030:2023: Prevención y control de la proliferación y diseminación de *Legionella* en instalaciones.
- ➲ UNE-EN ISO 5667-3:2019: Calidad del agua. Muestreo. Parte 3: Conservación y manipulación de las muestras de agua.
- ➲ UNE-EN ISO/IEC 17025:2017: Requisitos generales para la competencia de los laboratorios de ensayo y calibración.
- ➲ UNE-EN ISO 9001:2015: Sistemas de gestión de la calidad. Requisitos.

Aunque las normas privadas son de aplicación voluntaria, su exposición es fruto del consenso y la experiencia, por lo que su implantación es garantía de calidad y seguridad.

ACTIVIDAD COMPLEMENTARIA

4. Aunque la implantación de las normas bajo la certificación ISO presentadas anteriormente son de carácter voluntario, y su desarrollo es privado, su conocimiento y seguimiento es muy aconsejable para la implantación de una correcta metodología de trabajo, por tanto, busca información básica sobre estas normas, dando a conocer los aspectos más importantes de su estudio. Al mismo tiempo, comprueba si la empresa en la que desarrollas tu trabajo basa su metodología de actuación en alguna de ellas, exponiendo dicha metodología, así como posibles mejoras en torno a las presentadas a lo largo de la unidad.

Indica cuáles son las medidas más importantes a adoptar, la importancia de su implantación y las necesidades en torno a su seguimiento.

- -

Para poder optar a llevar a cabo los estudios, así como la imposición de tratamientos sobre *Legionella,* toda empresa deberá disponer de las siguientes **acreditaciones o certificaciones,** debiendo ser exigidas tanto por la administración competente como por las empresas que llevan a cabo la subcontratación de los servicios, pues no hay que olvidar que el **Real Decreto 487/2022** indica en su artículo 5 que:

1. Las personas físicas o jurídicas titulares de las instalaciones objeto de este real decreto son las responsables del cumplimiento de lo dispuesto en este real decreto.

2. En el caso de que la instalación sea explotada por persona física o jurídica distinta de lo titular de la instalación, a efectos del cumplimiento de las responsabilidades y obligaciones del presente real decreto, la persona titular de la instalación será considerada como la responsable del cumplimiento del mismo.

Por ello, es importante destacar que para poder optar a llevar a cabo los procesos referidos al **control y seguimiento de las instalaciones** con riesgo de proliferación de *Legionella,* se deberán considerar las siguientes premisas:

Prevención de riesgos laborales
- Se deberá cumplir con la Ley de Prevención de Riesgos Laborales, asegurando las medidas necesarias para garantizar la seguridad durante el desarrollo de la actividad.

Continúa en página siguiente >>

<< Viene de página anterior

Registro Oficial de Establecimientos y Servicios Biocidas
- Se deberá estar inscrito en el Registro Oficial de Establecimientos y Servicios Biocidas.

Responsable Técnico
- Se deberá contar con el denominado responsable técnico, siendo el responsable de diagnosticar e imponer los tratamientos, llevar a cabo la supervisión, imponer las medidas preventivas a adoptar, etc., siendo finalmente el responsable de firmar el certificado del servicio realizado.

Registro oficial de biocidas
- Los biocidas utilizados en los tratamientos deberán estar inscritos en el Registro Oficial de Biocidas del Ministerio de Sanidad.

Legislación medioambiental
- Se deberá cumplir con la legislación medioambiental, en relación a la gestión de los residuos, vertidos, etc.

Laboratorio de Salud Pública
- El laboratorio donde se lleven a cabo los análisis deberá estar registrado como Laboratorio de Salud Pública y acreditado para la detección y recuento de legionela.

 TAREA 12

Con el fin de incorporar nuevos clientes a la empresa de mantenimiento Hermanos García Bravo, se han organizado unas jornadas de puertas abiertas, donde los interesados podrán visitar las instalaciones y conocer a los técnicos encargados del control de las instalaciones.

Dicha visita se acompañará además con un dosier en el que se muestran los datos históricos en torno al trabajo realizado, así como las certificaciones y acreditaciones que tiene la empresa.

Siendo el responsable técnico de la empresa y principal precursor de las jornadas, ¿qué información referente a los certificados y acreditaciones consideras que es importante aportar?

- -

4. Resumen

El Real Decreto 487/2022 establece los **tipos de instalaciones** en torno a las necesidades de toma de muestras, diferenciando entre:

- Sistemas de agua sanitaria.
- Torres de refrigeración y condensadores evaporativos.
- Sistemas de agua climatizada o con temperaturas similares a las climatizadas (≥ 24 °C) y aerosolización con/sin agitación y con/sin recirculación a través de chorros de alta velocidad o la inyección de aire, vasos de piscinas polivalente con este tipo de instalaciones, vasos de piscinas con dispositivos de juego, zonas de juegos de agua, setas, cortinas, cascadas, entre otras.
- Dispositivos de enfriamiento evaporativo por pulverización mediante elementos de refrigeración por aerosolización.
- Otras instalaciones.

El proceso de toma de muestras requiere en muchas ocasiones de **desplazamiento,** debiéndose utilizar **recipientes específicos,** que garanticen su contenido ante posibles agresiones externas, así como también evite posibles filtraciones hacia el exterior.

El **proceso de toma de muestras** es propio de cada instalación, debiendo actuar de forma concreta atendiendo a sus características.

Para finalizar, es importante destacar la importancia del proceso, así como su regulación, por ello se exige la **acreditación y certificación** de las empresas implicadas, siendo fundamental al respecto cumplir con las exigencias del Real Decreto 487/2022, pudiéndose complementar con la implantación de certificaciones complementarias como la norma UNE 100030:2023, UNE-EN ISO 5667-3:2019, UNE-EN ISO/IEC 17025:2017 y UNE-EN ISO 9001:2015.

Ejercicios de autoevaluación
Unidad de Aprendizaje 4

1. **¿Qué norma establece las pautas correctas para llevar a cabo una toma de muestras asociada a la prevención y/o detección de legionela?**

    a. Real Decreto 487/2022 de 21 de junio.
    b. Real Decreto 125/2015 de 16 de julio.
    c. Reglamento 17025/2018 de 09 de abril.
    d. Reglamento 852/2004 de 21 de octubre.

2. **En el proceso de toma de muestras y su posterior transporte, es necesario contemplar:**

    a. Características del recipiente utilizado.
    b. Necesidades de uso de desinfectantes.
    c. Tiempo y temperaturas relacionadas con el proceso.
    d. Todas las opciones son correctas.

3. **De forma general, para el estudio y análisis de *Legionella spp,* el volumen mínimo de recogida será de:**

    a. 500 ml
    b. 1000 ml
    c. 1500 ml
    d. 2000 ml

4. **Identifica cuál o cuáles de las siguientes se identifican como normas a tener presentes en el transporte de muestras:**

    a. Acuerdo Europeo de Transporte Internacional de Mercancías Peligrosas por Carretera (ADR 2019)
    b. Reglamento sobre Mercancías Peligrosas de la Asociación de Transporte Aéreo Internacional IATA-DRG
    c. Planes Generales de Higiene (PGH)
    d. Las opciones a y b son correctas.

5. **Según normativa, el responsable del Plan de Prevención y Control de legionela (PPCL) es:**

    a. El titular de la instalación.
    b. El departamento de mantenimiento de la entidad.
    c. La autoridad competente designada a nivel autonómico.
    d. Ninguna opción es correcta.

Aplicación de las actualizaciones

Contenido

1. Introducción
2. Técnicas analíticas de detección de legionela (técnicas de detección rápida)
3. Resumen

Objetivos

El objetivo general de esta Unidad de Aprendizaje es:

→ Conocer las técnicas analíticas de detección de legionela.

Los objetivos específicos de esta Unidad de Aprendizaje son:

→ Reconocer las pautas a seguir para el cultivo de una muestra de agua hasta su evaluación, determinando su actividad bactericida referida a la legionela.

→ Diferenciar las técnicas analíticas de detección rápida de legionela.

1. Introducción

Determinar si existe riesgo de legionela requiere como último paso el **análisis de la muestra** adquirida, facilitando una correcta verificación, que permitirá la aplicación de un tratamiento adecuado.

El estudio de una toma de muestras requiere del **cultivo de la muestra,** siendo el método reconocido por normativa el especificado bajo la norma UNE-EN ISO 11731:2017 Calidad del agua. Recuento de legionela.

No obstante, no es el único método reconocido, indicándose posible el uso de otros métodos de análisis en casos particulares, siempre complementarios al cultivo, y de entre los que es posible destacar aquellos métodos designados por la norma UNE-EN ISO 16140-2:2016, sobre protocolo para la validación de métodos alternativos (registrados) frente a los métodos de referencia, emitido por un organismo nacional o internacional de certificación.

Para el desarrollo del contenido nos basaremos en los hechos acontecidos en la empresa de prevención y mantenimiento Hermanos García Bravo, desarrollando mediante situaciones cotidianas los aspectos más importantes.

2. Técnicas analíticas de detección de legionela (técnicas de detección rápida)

☞ HILO CONDUCTOR

Hasta las oficinas de la empresa Hermanos García Bravo ha llegado un informe sobre los sistemas empleados para la detección de legionela.

En dicho informe se incluye tanto el método de referencia para *Legionella spp,* como el uso de los kits utilizados. Todos ellos amparados por la normativa las normas UNE en ISO.

Bajo el amparo del citado Real Decreto 487/2022, de 21 de junio y concretamente en la descripción de su anexo VII se exponen los métodos de análisis para la *Legionella spp,* indicándose que dicho método de cultivo se describe bajo la norma UNE-EN ISO 11731:2017 sobre calidad del Agua. Recuento de legionela.

No obstante, este método puede ser complementado con otros métodos, reconocidos bajo la norma UNE-EN ISO 16140:2016 denominado como Protocolo para la validación de métodos alternativos (registrados) frente a los métodos de referencia, emitido por un organismo nacional o internacional de certificación.

A su vez, el uso de kits en los análisis *in situ* o laboratorio también deben cumplir con una serie de premisas, quedando establecidas por las exigencias de la norma UNE-ISO 17381:2012 Calidad del agua. Selección y aplicación de métodos que utilizan kits de ensayo listos para usar en el análisis del agua.

 **SABÍAS QUE...**

La entidad encargada de la acreditación de los laboratorios es la ENAC (Entidad Nacional de Acreditación).

2.1. Detección de legionela mediante cultivo de la muestra

Actualmente el Real Decreto 487/2022 reconoce como método de referencia para la detección de legionela el **método basado en el cultivo de la muestra,** bajo los estándares de ISO 11731:2017, siendo las **pautas** a seguir para su determinación las siguientes:

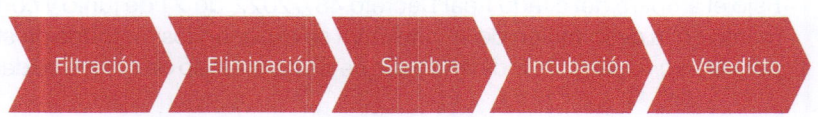

A continuación, se explican cada una de ellas:

- **Filtración:** en primer lugar, se llevará a cabo la filtración de la muestra original para lograr su concentración.
- **Eliminación:** eliminación de la microbiota presente en la muestra mediante calor (50 °C durante 30 min) o tratamiento con ácido.
- **Siembra:** siembra en los medios de cultivo, adicionando al mismo tiempo antibióticos y antifúngicos, para eliminar flora acompañante.
- **Incubación:** incubación de las muestras a 36 °C durante 10 días en condiciones de humedad.
- **Veredicto:** observar resultados, contabilizando las colonias, dando un veredicto.

Recuerda que, actualmente, el **cultivo de la muestra es el único medio reconocido** por la legislación vigente.

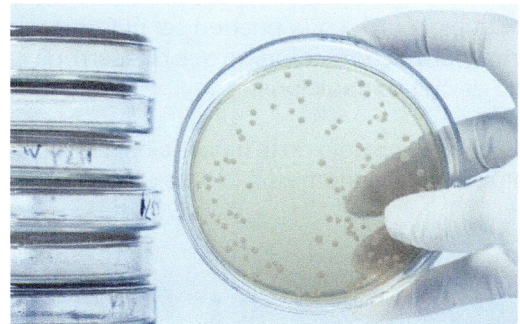

Existen varios métodos para la detección de legionela, pero el método de cultivo es el indicado como referente por normativa.

NOTA

Además del estándar ISO 11731, también puede hacerse uso del estándar AF-NOR NF T90-431 (normalizado en primer lugar por la Asociación Francesa de Normalización), por ello, todo dictamen debe ir acompañado de la identificación del estándar utilizado.

2.2. Detección de legionela mediante amplificación genómica (PCR)

☞ HILO CONDUCTOR

Hoy han llegado hasta las oficinas de la empresa Hermanos García Bravo unas muestras para el estudio de legionela.

Atendiendo a los métodos de cultivo, se tardará hasta 10 días para obtener un resultado, pero gracias a los métodos de amplificación genómica implantados, se puede acelerar el proceso y obtener a lo largo del día un primer informe.

Los ensayos para la detección de legionela, haciendo uso de la amplificación genómica (PCR), **no son reconocidos como métodos oficiales** por la normativa vigente, pero sí que pueden ser utilizados como **métodos complementarios para su detección,** ya que ofrecen una serie de ventajas frente al método de cultivo tradicional.

Para llevar a cabo el estudio de la muestra bajo la técnica basada en el proceso de amplificación genómica (PCR), se diferencian los siguientes **pasos:**

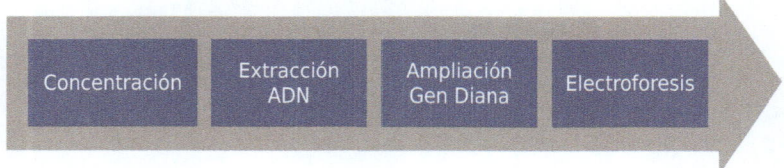

Concentración | Extracción ADN | Ampliación Gen Diana | Electroforesis

✎ DEFINICIÓN

Electroforesis
Técnica utilizada para la separación de moléculas según su movilidad en un campo eléctrico.

Aunque la normativa vigente (Real Decreto 487/2022) no reconoce como método de referencia para el estudio de las muestras la técnica basada en los procedimientos PCR, sí los cita como métodos a los que se puede recurrir con carácter complementario a este, dados los importantes avances que proponen dichas técnicas.

Los principales parámetros a diferenciar bajo la técnica de cultivo en placa y utilizando el procedimiento PCR, dan como resultado lo siguiente:

Parámetros	PCR convencional	CULTIVO EN PLACA
Plazo de resultado	Menos de 1 día	10 días
Detección	Cualitativa	Cuantitativa
Interpretación resultados	Simple y objetiva	Compleja y subjetiva
Límite de detección teórico	1 ufc/l	25 – 50 ufc/l
Infraestructura necesaria	Compleja	Básica
Realización proceso	Complejo	Mínimo

2.3. Otros medios utilizados en la detección de legionela

Además de las técnicas basadas en el cultivo de la muestra y los procedimientos PCR, existen otras metodologías de actuación como pueden ser las **técnicas de IFD** (Inmunofluorescencia Directa) y otras, entre las que destaca, el **ensayo de detección de antígeno de *Legionella pneumophila* en agua.**

Dichas técnicas han pasado a un segundo lugar debido a su **irregularidad y baja efectividad,** ya que por un lado la IFD puede dar resultados falsamente positivos en su estudio, al producirse reacciones cruzadas con otros microorganismos, y el antígeno de *Legionella pneumophila* en agua tiene una muy baja sensibilidad, no siendo comercializada en la actualidad.

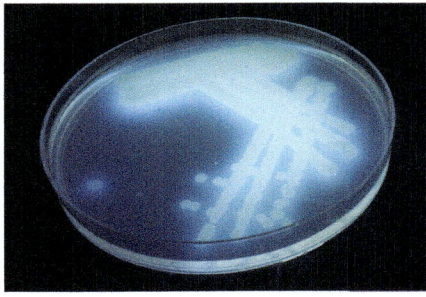

Aunque la tinción de las bacterias es un posible método utilizado y reconocido por algunas asociaciones frente al estudio de detección de legionela, su baja efectividad e irregularidad hace que no sea reconocido como método.

Finalmente es muy importante citar los **avances** llevados a cabo por la empresa **Biótica,** tras el desarrollo de un **test rápido para la detección de legionela,** siendo reconocido por la certificación del organismos internacional AOAC (Asociación de Químicos Analíticos Oficiales).

Dicho test permite mostrar en menos de una hora el contenido en legionela de una muestra **sin necesidad de cultivo.** Para ello, su metodología se basa en la captura y revelado mediante la adición de una suspensión de partículas magnéticas, que se unen en la muestra al microorganismo específico de estudio, siendo en este caso *Legionella pneumophila,* formando unos complejos que permiten su separación del medio, que los contiene hasta un medio limpio, llevándose el proceso mediante el uso de un imán, donde se revelarán mediante la generación de un color, con más o menos intensidad, dependiendo de la cantidad de legionela de la muestra.

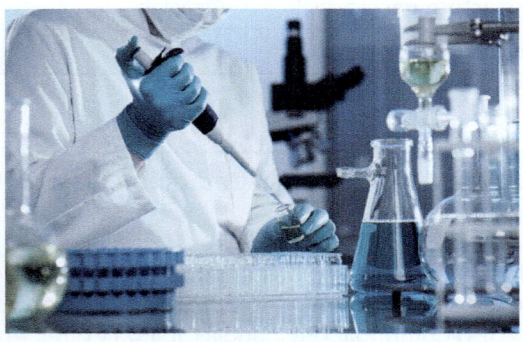

Los protocolos llevados a cabo para la detección de legionela deberán cumplir con las medidas higiénicas y de seguridad pertinentes, evitando errores en el proceso o contaminaciones.

 ## PARA SABER MÁS

Observa el siguiente vídeo en el que se muestra el proceso completo llevado a cabo paso a paso para la detección de *Legionella pneumophila* mediante el uso del test rápido para la detección de legionela, adjuntándose al mismo tiempo el protocolo de actuación en pdf.

Continúa en página siguiente >>

<< Viene de página anterior

Análisis con *Legipid* Legionella Fast Detection	**Legipid® Legionella Fast Detection**

https://redirectoronline.com/ legionella0501	https://redirectoronline.com/ legionella0502

 ## ACTIVIDAD COMPLEMENTARIA

5. Busca información complementaria sobre el reconocimiento y uso de los nuevos sistemas o protocolos de detección de legionela, indicando al mismo tiempo si se incluyen en el registro de biocidas generado por el Ministerio de Sanidad. ¿Qué fecha de caducidad presentan? ¿Qué otros datos de interés se facilitan en dicho registro? ¿Se reconocen como método oficial para la detección de legionela? O por el contrario, ¿debe seguir llevándose a cabo el proceso de cultivo?

 ## TAREA 13

A lo largo de la jornada laboral de hoy, como responsable de mantenimiento de la empresa Hermanos García Bravo, te diriges hasta el laboratorio para llevar a cabo el análisis de las muestras recogidas, con el fin de facilitar un veredicto y actuar al respecto.

Como técnico del laboratorio, deberás determinar las pautas a llevar a cabo en el cultivo de la muestra.

Continúa en página siguiente >>

<< Viene de página anterior

Por otro lado, y con el fin de facilitar una primera valoración sobre las muestras integradas, indica qué otra técnica de actuación se podría llevar a cabo. ¿Sería esta última prueba suficiente en la evaluación de la muestra? ¿La normativa vigente establece como definitivo el uso de pruebas sin previo cultivo?

3. Resumen

Actualmente el proceso de **análisis de las tomas de muestras** para la determinación de riesgo de legionela se imponen bajo las exigencias del Real Decreto 487/2022, siendo el único medio de estudio reconocido el llevado a cabo mediante **cultivo de la muestra.**

Las **pautas a seguir para la determinación mediante el proceso de cultivo de la muestra** son las siguientes:

No obstante, los **avances técnicos** han propiciado otros procesos basados en **técnicas de PRC e IFD,** así como el estudio de su antígeno, sin olvidar las últimas novedades en torno a la **amplificación del ADN cromosómico** de las muestras de PCR. Un ejemplo del uso de este procedimiento, basado en la amplificación genómica (PCR), requiere como pasos para el análisis los siguientes:

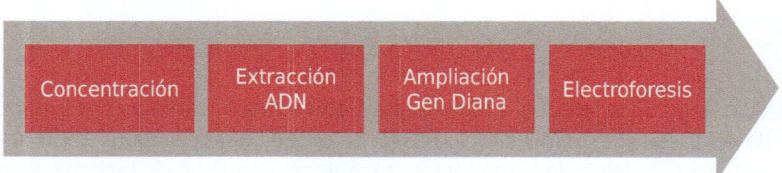

Finalmente, hay que destacar que el análisis de las muestras se deberá llevar a cabo en **laboratorios acreditados por la ENAC,** persiguiendo en el proceso tanto las exigencias del Real Decreto 487/2022 como las pautas referidas a los parámetros de calidad impuestos por la norma ISO 11731:2017.

Ejercicios de autoevaluación
Unidad de Aprendizaje 5

1. **El método de referencia reconocido por la normativa vigente para el estudio de las muestras en torno a la determinación de legionela es...**

   a. ... el cultivo de la muestra.
   b. ... el estudio del antígeno.
   c. ... el procedimiento de inmunofluorescencia directa.
   d. Todas las opciones son incorrectas.

2. **Indica si son verdaderas o falsas las siguientes afirmaciones:**

   a. Todo laboratorio en el que se lleve a cabo la determinación de muestras de legionela, deberá estar acreditado por la Entidad Nacional de Acreditación (ENAC).

      ■ Verdadero
      ■ Falso

   b. Los métodos de cultivo utilizados en la determinación de legionela facilitan de forma fiable un veredicto en un plazo máximo de 24 h.

      ■ Verdadero
      ■ Falso

   c. Los fundamentos y parámetros de actuación en los laboratorios se verán determinados principalmente por la norma ISO 11731.

      ■ Verdadero
      ■ Falso

3. **En los procesos de detección de legionela mediante cultivo de la muestra, el primer paso a llevar a cabo consiste en:**

   a. La siembra del medio de cultivo.
   b. La filtración de la muestra para lograr su concentración.

c. La incubación de la muestra.

d. La eliminación de la microbiota presente.

4. **Los métodos de análisis de las muestras basados en el procedimiento PCR convencional, dan resultados en plazos...**

a. ... menores a un día.

b. ... de entre 1 y 3 días.

c. ... de entre 5 y 7 días.

d. ... de entre 9 y 11 días.

5. **El citado *test* desarrollado por la empresa Biótica para la determinación de legionela...**

a. ... requiere del cultivo de la muestra para su determinación.

b. ... basa su metodología en la captura y revelado mediante la adición de una suspensión de partículas magnéticas.

c. ... está reconocido como método oficial y prioritario de actuación en el Real Decreto 487/2022.

d. ... no requiere una previa filtración de la muestra.

Enumeración de las responsabilidades

Enumeración de las
responsabilidades

Contenido

1. Introducción
2. Responsabilidades según normativa
3. Empresas de mantenimiento
4. Resumen

Objetivos

El objetivo general de esta Unidad de Aprendizaje es:

→ Determinar las responsabilidades a las que deben hacer frente las empresas dedicadas al mantenimiento de instalaciones con riesgo de proliferación de legionela.

Los objetivos específicos de esta Unidad de Aprendizaje son:

→ Reconocer las pautas a seguir para el cultivo de una muestra de agua hasta su evaluación, determinando su actividad bactericida referida a la legionela.

→ Diferenciar las técnicas analíticas de detección rápida de legionela.

1. Introducción

Dada la especialización y complejidad que requiere la imposición de un correcto **programa de mantenimiento higiénico-sanitario,** la valoración de resultados en torno al riesgo en instalaciones susceptibles de proliferación de legionela, así como el riesgo que suponen dichas instalaciones por su ubicación en espacios públicos, hace que sea común la contratación de **empresas especializadas** en su mantenimiento, aunque no por ello se exime de las **responsabilidades ante posibles brotes a los titulares** de la instalación, indicándose esto de forma clara y concisa en el artículo 5 del Real Decreto 487/2022.

No obstante, numerosos casos reales ya juzgados han responsabilizado en mayor o menor medida a los responsables de las empresas de mantenimiento, demostrándose una inadecuada actuación por su parte.

Por profundizar en el estudio de esta cuestión y poder sacar algunas conclusiones en torno a la responsabilidad que supone el mantenimiento y ejecución de acciones ante posibles proliferaciones, nos basaremos en los hechos acontecidos en la empresa de mantenimiento Hermanos García Bravo.

2. Responsabilidades según normativa

☞ HILO CONDUCTOR

Ante cualquier nueva contratación en relación al mantenimiento de instalaciones con posibilidad de proliferación de legionela, la empresa Hermanos García Bravo hace saber al dueño de la instalación que él será el máximo responsable de dicha instalación, por lo que esperan que siempre cuente con ellos ante cualquier incidencia, pudiendo actuar de forma inmediata, no imponiendo límites de actuación ni ante posibles problemas de proliferación ni ante la imposición del mantenimiento necesario.

El Real Decreto 487/2022, de 21 de junio, establece los criterios higiénico-sanitarios para la prevención y control de legionela, indicando de forma clara en su artículo 5 que **los titulares de las instalaciones** que utilicen agua en su funcionamiento produzcan aerosoles y se encuentre en el interior o exterior de edificios de uso colectivo, así como las instalaciones industriales o los medios de transporte que puedan ser susceptibles de convertirse en focos para la propagación de legionela durante su funcionamiento, pruebas de servicio o mantenimiento, **serán los responsables** del cumplimiento del citado real decreto y, por consiguiente, de que se lleven a cabo los programas necesarios para ello.

Así, de forma explícita, el **artículo 5** del Real Decreto 487/2022 indica entre otros principios que:

1. Las personas físicas o jurídicas titulares de las instalaciones objeto de este real decreto son las responsables del cumplimiento de lo dispuesto en este real decreto.

...

10. La contratación de la realización, total o parcial, de las actividades contempladas en el presente real decreto con un servicio externo, no exime a la persona titular de la instalación de su responsabilidad de garantizar que las instalaciones no representen un riesgo para la salud pública.

 PARA SABER MÁS

Puedes consultar el artículo 5 (Responsabilidades) de dicho real decreto, en el que se describen las responsabilidades a asumir de forma completa accediendo al siguiente enlace:

https://redirectoronline.com/legionella0601

No obstante, aunque el artículo 5 del Real Decreto 487/2022 es claro en su afirmación, numerosos casos han demostrado que, en ocasiones, pese a una correcta contratación de servicios, es la **empresa de mantenimiento contratada la que no ha actuado de forma correcta,** siendo juzgada y responsabilizada por ello.

Hay sentencias que incluyen como responsables a las empresas de mantenimiento, bajo la premisa de no haber llevado a cabo un programa de mantenimiento adecuado.

3. Empresas de mantenimiento

 HILO CONDUCTOR

En la empresa Hermanos García Bravo están hoy de enhorabuena, pues tras ser llamados a declarar en un caso de legionela por el que han sido investigados, han podido mostrar que su gestión ha sido la adecuada hasta el momento de su contratación, demostrándose que la proliferación de la bacteria se ha producido 12 meses después de restringir el contrato con la empresa.

Aunque la normativa es clara en torno a la responsabilidad de las instalaciones con riesgo de proliferación de legionela, numerosos **casos reales han mostrado la implicación de las empresas de mantenimiento,** basándose en su inadecuado mantenimiento, bien por el uso de productos inadecuados, metodologías incorrectas o intervenciones no establecidas según las exigencias de la normativa.

👁 **EJEMPLO**

Un claro ejemplo en el que se lleva a cabo una condena conjunta, responsabilizándose tanto a la empresa de mantenimiento como a los responsables de las

Continúa en página siguiente >>

[165]

<< Viene de página anterior

instalaciones es la juzgada en torno al caso de brote de legionela registrado en 2009 en un conocido hotel de Sevilla, que se saldó con la muerte de cuatro personas y otros 15 afectados. Puedes acceder a este caso a través del siguiente enlace:

https://redirectoronline.com/legionella0602

En base a que la empresa de mantenimiento juega un papel fundamental en el proceso de mantenimiento, puesta a punto y erradicación de brotes, se entiende como responsable en la mayoría de los casos ya juzgados, reconociéndose por parte de la empresa contratada una **responsabilidad subsidiaria con el titular de las instalaciones,** más aún cuando se demuestre que no se ha actuado de forma responsable.

Por tanto, en la mayoría de los casos juzgados a día de hoy, además de ser juzgada la empresa propietaria o los titulares de la instalación, también pueden ser juzgados los administradores de las sociedades, directores o personal de mantenimiento de la misma, así como los responsables de la empresa de mantenimiento o incluso los trabajadores de dicha empresa que han desarrollado sus funciones de forma imprudente.

Una actuación inadecuada por parte de la empresa de mantenimiento podrá ser utilizada ante un procesamiento, abriendo contra ella un proceso penal.

IMPORTANTE

La redacción de los contratos entre empresa de mantenimiento y la titularidad de las instalaciones es fundamental, debiéndose definir claramente las obligaciones de cada parte, permitiendo así definir las responsabilidades propias de cada uno.

ACTIVIDAD COMPLEMENTARIA

6. Lleva a cabo la búsqueda de algunas de las sentencias sobre legionela ocurridas en los últimos tres años, exponiendo:

   • ¿Sobre quién ha recaído la culpabilidad en cada caso tratado?
   • ¿Se han producido víctimas en los casos presentados?
   • ¿Cuál o cuáles han sido las sentencias en cada uno de los casos?

3.1. Responsabilidades menores y mayores en relación con sentencias en caso de brote de legionela

Las sentencias relacionadas con los casos de legionela en estos últimos años permiten comprobar que no existe unanimidad en los procesos, poniéndose de manifiesto la **importancia del contrato entre empresa de mantenimiento y titular de la instalación.**

Al mismo tiempo, la estructura legislativa hace que no solo exista el ya citado Real Decreto 487/2022 en torno a las exigencias sobre legionela, sino que existen otros ámbitos de responsabilidad, como los reflejados en la **Ley General de Sanidad,** diferenciando entre **responsabilidades menores y mayores.**

Responsabilidades menores
- Se considera una responsabilidad menor la atribuida al ámbito administrativo, representándose mediante sanciones económicas, pudiéndose al mismo tiempo relacionar con sanciones de responsabilidad mayor en el caso de proliferación, afectando a los individuos, suponiendo así un conflicto, pasando en ese caso a un procedimiento de responsabilidad mayor.

Responsabilidades mayores
- Se diferencia entre:
  - **Responsabilidad del ámbito penal.** Relacionada con una inadecuada actuación en torno a las normas de prevención de riesgos laborales, suponiendo así un riesgo o peligro grave para la salud y teniendo penas de 6 meses a 3 años.
  - **Responsabilidad del ámbito mercantil.** Relacionada con los parámetros de contratación entre empresa de mantenimiento y propietario de la instalación, pudiendo así determinar la actuación asociada a ambas partes y determinando responsabilidades.
  - **Responsabilidad del ámbito civil.** En base a la denominada responsabilidad contractual, por la que la empresa de mantenimiento deberá, de forma obligatoria, reparar y satisfacer lo indicado en un contrato.

3.2. Infracciones y sanciones reflejadas en el Real Decreto 487/2022

El Real Decreto 487/2022, muestra en su artículo 19 y 20 las infracciones y sanciones en base a las infracciones cometidas, diferenciando entre:

- Infracciones leves
- Infracciones graves
- Infracciones muy graves

Por su lado, las sanciones se reflejarán bajo lo establecido en las Leyes 39 y 40 de 2015 de 1 de octubre.

TAREA 14

En el día de hoy tienes que enfrentarte a un juicio en el que tu empresa de mantenimiento va a ser juzgada por una irregularidad en torno a un brote de legionela.

Como responsable y titular de la empresa de mantenimiento, analiza el Real Decreto 487/2022 en torno a las responsabilidades que se os pueden atribuir, tanto a ti como al titular de la instalación con riesgo de proliferación de legionela, para así saber a qué situación te expones. En base a este análisis, indica sobre quién recae la responsabilidad, exponiendo los puntos de la normativa donde se recoge esto.

Asimismo, y en base a posibles casos reales ya juzgados, determina qué tipo de responsabilidades se te pueden atribuir como empresa de mantenimiento contratada.

- -

4. Resumen

El **Real Decreto 487/2022** establece en su artículo 5 que la **responsabilidad** de llevar a cabo los programas de mantenimiento periódico, mejoras estructurales y funcionales de las instalaciones es de los **titulares de la instalación,** no eximiendo de esta responsabilidad el hecho de contratación de un servicio de mantenimiento externo.

El proceso llevado a cabo en el **mantenimiento de instalaciones con riesgo de proliferación de legionela** requiere conocimientos específicos, siendo habitual la contratación de empresas externas y siendo fundamental una **correcta redacción en el contrato de compromiso,** pudiendo depurar responsabilidades ante posibles brotes o irregularidades en el proceso, como se ha podido constatar en numerosos casos reales juzgados hasta la fecha.

Finalmente, es importante destacar que no solo el Real Decreto 487/2022 impone las bases en torno a las responsabilidades de gestión y control de las instalaciones, sino que también existen normas complementarias, destacando entre otras la **Ley General de Sanidad,** concretando las sanciones según el ámbito de responsabilidad, diferenciando entre:

Responsabilidades mayores	Responsabilidades menores

Ejercicios de autoevaluación
Unidad de Aprendizaje 6

1. **¿Qué artículo del Real Decreto 487/2022 establece la responsabilidad sobre el mantenimiento de las instalaciones con riesgo de proliferación de legionela?**

   a. El artículo 2
   b. El artículo 5
   c. El artículo 6
   d. El artículo 8

2. **Según el artículo 5 del Real Decreto 487/2022, indica si son verdaderas o falsas las siguientes afirmaciones:**

   a. Los titulares de las instalaciones con riesgo de proliferación de legionela serán los responsables de su mantenimiento, pudiendo eximirse de dicha responsabilidad al contratar a una empresa externa.

      ■ Verdadero
      ■ Falso

   b. La contratación de un servicio de mantenimiento externo no exime al titular de la instalación de su responsabilidad.

      ■ Verdadero
      ■ Falso

   c. Los titulares de las instalaciones con riesgo de proliferación de legionela serán los responsables del cumplimiento de la normativa que los regula.

      ■ Verdadero
      ■ Falso

3. En la práctica, las empresas de mantenimiento contratadas para el control de la legionela...

    a. ... no pueden ser juzgadas.

    b. ... pueden ser juzgadas y responsabilizadas por una actuación inadecuada en el mantenimiento de las instalaciones.

    c. ... serán juzgadas en el caso de infracciones muy graves.

    d. Todas las opciones son falsas.

4. La imposición de penas de entre 6 meses y 3 años se asocian con:

    a. Una responsabilidad catalogada como mayor del ámbito penal.

    b. Una responsabilidad del ámbito administrativo catalogada como menor.

    c. Una responsabilidad asociada al ámbito mercantil.

    d. Todas las opciones son falsas.

5. Según el Real Decreto 487/2022 las infracciones pueden ser catalogadas como:

    a. Infracciones leves.

    b. Infracciones graves.

    c. Infracciones muy graves.

    d. Todas las opciones son correctas.

Análisis de la normativa en relación con la legionelosis, prevención de riesgos laborales y medio ambiente

Contenido

1. Introducción
2. Legionela: actualización legislación nacional y autonómica
3. Legislación nacional y autonómica referida a la prevención de riesgos laborales
4. Legislación nacional y autonómica referida a la protección del medioambiente
5. Resumen

Objetivos

El objetivo general de esta unidad de Aprendizaje es:

→ Conocer la legislación actual, tanto nacional como autonómica, sobre la prevención de legionela, prevención de riesgos laborales y protección del medioambiente.

Los objetivos específicos de esta Unidad de Aprendizaje son:

→ Analizar la normativa vigente en relación a la prevención de la legionela.

→ Reconocer la legislación vigente relacionada con la prevención de riesgos laborales.

→ Reconocer la normativa actual relacionada con la protección del medioambiente.

1. Introducción

Los **avances técnicos y la formulación de nuevas sustancias** ideadas para el mantenimiento y tratamiento de posibles brotes de legionela, hacen que sea **necesaria la actualización de la normativa,** estando a favor de las nuevas técnicas, que mejorarán tanto la calidad del tratamiento como su control en la aplicación, propiciando una mayor seguridad tanto a los usuarios como a los técnicos de ejecución.

Todo esto, sin olvidar el **respeto por el medioambiente,** pudiendo ser en este caso directa o indirectamente, mediante el uso de productos más respetuosos o el empleo de procesos que propicien la no contaminación o su reciclado.

La actuación sobre las instalaciones con riesgo de proliferación de legionela no solo implica la necesidad de formarse en torno a la aplicación de los tratamientos, sino que también es necesario conocer los principios a tener presentes para **evitar posibles accidentes laborales,** así como la contaminación en el medioambiente; tres premisas tan importantes, que han requerido de la formulación de una **legislación propia y específica,** que se presentará a continuación.

Para ello, nos basaremos en los casos acontecidos en la empresa de prevención y mantenimiento Hermanos García Bravo.

2. Legionela: actualización legislación nacional y autonómica

 HILO CONDUCTOR

Hasta la empresa Hermanos García Bravo ha llegado un informe en el que se presenta un nuevo producto para el estudio del nivel de legionela en una instalación.

Parece muy interesante, pero al comprobar la normativa vigente confirman que dicho producto no se reconoce, por lo que aunque su utilización no está prohibida, los resultados obtenidos de su uso no se reconocen en la normativa actual, siendo su utilización orientativa, sin ningún valor legal.

El Real Decreto 487/2022, de 21 de junio, por el que se establecen los criterios higiénico-sanitarios para la prevención y control de la legionelosis, es la normativa más importante actualmente a nivel nacional, aunque no es la única, ya que se complementa con otras de carácter general, tanto a nivel autonómico como nacional.

Con posterioridad a la publicación del **Real Decreto 487/2022, de 21 de junio,** se ha aprobado el Real Decreto 614/2024, de 2 de julio, por el que se introducen modificaciones en la normativa relativa a la prevención y control de la legionelosis.

Esta actualización normativa tiene como finalidad reforzar y clarificar determinados aspectos del marco regulador vigente, especialmente en relación con:

⮕ La mejora de los procedimientos de control y seguimiento de las instalaciones.
⮕ La concreción de determinadas responsabilidades de los titulares y empresas de mantenimiento.
⮕ La adaptación de los requisitos a criterios técnicos y sanitarios actualizados.

No obstante, es importante destacar que este real decreto **no modifica los principios técnicos fundamentales** establecidos en el Real Decreto 487/2022, manteniéndose vigentes:

⮕ Los programas de mantenimiento higiénico-sanitario.
⮕ Los procedimientos de evaluación del riesgo.
⮕ Las técnicas de muestreo y control analítico.
⮕ Las condiciones técnicas de las instalaciones.

Por tanto, los contenidos desarrollados en esta unidad continúan siendo plenamente aplicables, si bien deben interpretarse en el marco de la normativa vigente actualizada.

No todas las comunidades autónomas dictan una normativa específica, sino que se rigen por el Real Decreto 487/2022, así como por otras normativas a nivel nacional que se presentan a continuación. No obstante, sean nacionales o autonómicas, estas normativas se deberán tener presentes para saber actuar bajo la legalidad impuesta.

Respecto a la **normativa de ámbito estatal,** podemos encontrar la siguiente:

⮕ Real Decreto 2210/1995, de 28 de diciembre, por el que se crea la red nacional de vigilancia epidemiológica. Se crea la red nacional de vigilancia epidemiológica, describiendo sus funciones, actividades de vigilancia, constitución, objetivos, etc., con el fin de detectar problemas, valorar cambios y contribuir con la aportación de información a las competencias que así los soliciten.

➲ Orden SCO/317/2003, de 7 de febrero, por la que se regula el procedimiento para la homologación de los cursos de formación del personal que realiza las operaciones de mantenimiento higiénico-sanitario de las instalaciones objeto del Real Decreto 909/2001, de 27 de julio. Además de regular el procedimiento para la homologación de los cursos, expone el programa del curso para mantenimiento higiénico-sanitario de las instalaciones, el ámbito de aplicación, etc.

➲ Ley 14/1986, de 25 de abril, General de Sanidad. Se regulan todas las acciones que permitan hacer efectivo el derecho a la protección de la salud.

➲ Norma UNE 100030:2023, para la prevención y control de la proliferación y diseminación de legionela en instalaciones. Norma ideada para contribuir al control de las instalaciones con riesgo de proliferación de legionela, exponiendo los requisitos de las instalaciones, la actuación en caso de brote, las operaciones de mantenimiento, así como los requisitos de prevención, etc.

➲ Real Decreto 1027/2007, de 20 de julio, por el que se aprueba el Reglamento de Instalaciones Térmicas en Edificios (RITE). La instalación y diseño son factores fundamentales en torno al control y prevención de legionela. Por ello, se recogen los principios a imponer ante las instalaciones térmicas en edificios.

Por otro lado, respecto a la **normativa de ámbito autonómico,** cabe destacar la siguiente:

➲ Decreto 201/2002, de 10 de diciembre, del Gobierno Valenciano, por el que se establecen las medidas especiales ante la aparición de brotes comunitarios de legionelosis de origen ambiental. Con este decreto se dictan las medidas especiales a tomar en caso de brotes comunitarios de legionela de origen ambiental, así como la definición de las Zonas de Actuación Especial, entre otros objetivos.

➲ Orden conjunta de 22 de febrero de 2001, de las Consellerías de Medio ambiente y Sanidad del Gobierno Valenciano, por el que se aprueba el protocolo de limpieza y desinfección de los equipos de transferencia de masa de agua de corriente de agua con producción de aerosoles, para la prevención de la legionelosis. Este decreto presenta el protocolo de limpieza y desinfección general que debe aplicarse a todas las instalaciones de riesgo de legionela.

➲ Decreto 352/2004, de 27 de julio, por el que se establecen las condiciones higiénico-sanitarias para la prevención y el control de la legionelosis en Cataluña. Este decreto presenta las medidas higiénico-sanitarias a imponer en aquellas instalaciones que presentan riesgo asociado a la aparición de casos de legionelosis.

- Decreto 136/2005, de 5 de julio, del Gobierno de Aragón, por el que se establecen medidas especiales para la prevención y control de la legionelosis en Aragón. Este decreto presenta las medidas especiales para la prevención y control de la legionela, complementando las medidas exigidas por la normativa básica estatal.

- Decreto 9/2001, de 11 de enero, por el que se regulan los criterios sanitarios para la prevención de la contaminación por legionela en las instalaciones térmicas en Galicia. Este decreto presenta las pautas a llevar a cabo para el correcto mantenimiento y desinfección sanitaria en determinadas instalaciones consideradas de riesgo en el ámbito territorial de la comunidad autónoma de Galicia.

- Decreto 52/2012, de 6 de julio, por el que se regulan los establecimientos y servicios biocidas, así como los requisitos para la inscripción en el Registro Oficial de Establecimientos y Servicios Biocidas de las Illes Balears. Este decreto tiene como objetivo establecer las condiciones y requisitos para la inscripción, estructura y funcionamiento del Registro Oficial de Establecimientos y Servicios Biocidas de las Islas Baleares.

- Decreto Foral 54/2006, de 31 de julio, por el que se establecen medidas para la prevención y control de la legionelosis en Navarra. Este decreto tiene como objetivo establecer medidas complementarias a las exigidas por la normativa básica estatal.

- Decreto 60/2012, de 13 de marzo, por el que se regulan los Establecimientos y Servicios Biocidas de Andalucía, y la estructura y funcionamiento del Registro Oficial de Establecimientos y Servicios Biocidas de Andalucía. Con este decreto se garantiza que los productos biocidas utilizados se ajusten con la autorización sanitaria existiendo, entre otros principios, un control sanitario de las empresas que lo fabriquen, almacenen o distribuyan.

◎ EJEMPLO

Accede al siguiente enlace para consultar el listado de entidades autorizadas e inscritas en el Registro Oficial de Establecimientos y Servicios Biocidas de Andalucía (ROESBA).

Continúa en página siguiente >>

<< Viene de página anterior

https://redirectoronline.com/legionella0701

 ## ACTIVIDAD COMPLEMENTARIA

7. Existe un amplio abanico de normativas existentes a nivel nacional y autonómico referidas al control, mantenimiento y formación de legionela, ¿conoces las de tu comunidad autónoma?

   Busca información sobre dicha normativa, destacando la más relevante y describiendo cómo le afecta la normativa nacional.

 ## TAREA 15

Como responsable de la formación de un equipo de trabajo destinado al mantenimiento higiénico-sanitario de instalaciones con riesgo de legionela, ¿qué requisitos de formación deberás imponer a todos aquellos que obtuvieron la formación hace más de 5 años? ¿Dichas exigencias serán dependientes de la comunidad autónoma?

Especifica la formación que se debe imponer, justificando si dichas necesidades serán dependientes de la comunidad autónoma en la que desarrolles tu actividad. Para ello, ten en cuenta la normativa vigente.

---

3. Legislación nacional y autonómica referida a la prevención de riesgos laborales

☞ HILO CONDUCTOR

Además de tener conocimientos sobre el mantenimiento y puesta en marcha de las instalaciones con riesgo de proliferación de legionela también es necesario que el personal conozca los innumerables riesgos a los que se enfrenta al llevar a cabo dicha actividad.

Por ello, la empresa Hermanos García Bravo formará durante este mes a su personal, inculcándoles la importancia del correcto uso y mantenimiento de los equipos de protección individual, así como de los factores de riesgo asociados.

Llevar a cabo el mantenimiento de las instalaciones con riesgo de proliferación de legionela, conlleva afrontar una serie de riesgos, entre los que se encuentran:

Riesgos propios de la actividad	Riesgos psicológicos
- Uso de agentes químicos. - Caídas a distinto nivel. - Exposición a agentes bacteriológicos. - Ruido.	- Carga de trabajo (estrés). - Responsabilidad y monotonía de los procedimientos.

Por ello, es importante conocer cuál es la normativa referida a la prevención de riesgos para el trabajador, diferenciando entre nacional y autonómica.

La **normativa nacional** de prevención de riesgos laborales es la siguiente:

- **Ley 31/1995 de 8 de noviembre, de Prevención de Riesgos Laborales.** Es la norma española referida a prevención por excelencia, desde el punto de vista de la seguridad y salud en el ámbito laboral, incluyendo no solo las bases sobre obligaciones y responsabilidades en prevención, sino también en el fomento de una auténtica cultura preventiva.
- **Real Decreto 39/1997, de 17 de enero, por el que se aprueba el Reglamento de los Servicios de Prevención.** Esta norma expone la ges-

tión de la prevención de una empresa; así, por ejemplo, en su capítulo III aparecen muchas ideas sobre la gestión de la prevención, destacando entre otros principios la importancia de la responsabilidad de la empresa en torno a la necesidad de formación.

- **Real Decreto 485/1997, de 14 de abril, sobre disposiciones mínimas en materia de señalización de seguridad y salud en el trabajo.** Esta norma establece las disposiciones mínimas para la señalización de seguridad y salud en el trabajo, las obligaciones generales del empresario, la necesidad de formación, los criterios para el empleo de la señalización, etc.
- **Real Decreto 486/1997, por el que se establecen las disposiciones mínimas de seguridad y salud en los lugares de trabajo.** Esta normativa expone las disposiciones mínimas de seguridad y salud en los lugares de trabajo, destacando entre otros aspectos la solidez y resistencia de los edificios y locales para soportar las cargas o esfuerzos a los que pueden ser sometidos, las dimensiones y condiciones ergonómicas aceptables para trabajar sin riesgos, la seguridad ante la existencia de desniveles y aberturas, etc.

Respecto a la **normativa autonómica** de prevención de riesgos laborales, se destaca la siguiente:

- **Decreto 26/2010, de 9 de febrero, de la Consejería de Empleo, por el que se regulan medidas para el fomento de los órganos de representación y de participación de los trabajadores y las trabajadoras con funciones específicas en materia de prevención de riesgos laborales en Andalucía.** Este decreto tiene como finalidad establecer los criterios de la creación de una acreditación oficial para los delegados de prevención u órganos específicos, exponer el programa de formación especializada en prevención de riesgos laborales para los delegados de prevención, etc.
- **Ley 10/2006, de 26 de diciembre, del Instituto Andaluz de Prevención de Riesgos Laborales.** Esta ley establece los principios generales para la creación del Instituto Andaluz de Prevención de Riesgos Laborales, indicando sus fines y funciones, naturaleza, organización, etc.
- **Ley 4/2004, de 30 de noviembre, del Instituto Asturiano de Prevención de Riesgos Laborales.** Esta Ley tiene como objetivo la regulación de la organización y el funcionamiento del Instituto Asturiano de Prevención de Riesgos Laborales.
- **Orden de la Consejería de Sanidad y Consumo, de 23 de marzo de 2006, por la que se establecen las directrices para la elaboración, el seguimiento y la evaluación del Plan Integral de Salud Laboral de la Comunidad Autónoma de Extremadura.** Esta orden tiene como objeto establecer las premisas para la elaboración, seguimiento y evaluación de un plan integral de salud laboral.

- **Orden PRE/83/2009, de 29 de diciembre, por la que se aprueba la parte general del Plan de Prevención de Riesgos Laborales de la Administración de la Comunidad Autónoma de Cantabria.** Dicha orden establece el plan de prevención, indicando la estructura organizativa, las responsabilidades, funciones, prácticas, procedimientos, procesos y recursos disponibles.
- **Decreto 81/2006, de 19 de octubre, del Consejo de Gobierno, por el que se crea el Observatorio para la Prevención de Riesgos Laborales de la Comunidad de Madrid.** Este decreto describe, a través de sus artículos, las funciones, objetivos, naturaleza jurídica, etc., del plan de prevención de riesgos laborales para la Comunidad de Madrid.

Además de la normativa expuesta, existen **otras normas a nivel nacional,** que aunque de menor importancia, también rigen los parámetros a considerar en torno a la prevención de riesgos laborales. Estas son:

- Real Decreto 487/1997, de 14 de abril, sobre disposiciones mínimas de seguridad y salud relativas a la manipulación manual de cargas que entrañe riesgos, en particular dorsolumbares, para los trabajadores.
- Real Decreto 488/1997, de 14 de abril, sobre disposiciones mínimas de seguridad y salud relativas al trabajo con equipos que incluyen pantallas de visualización.
- Real Decreto 1215/1997, de 18 de julio, por el que se establecen las disposiciones mínimas de seguridad y salud para la utilización por los trabajadores de los equipos de trabajo.
- Real Decreto 614/2001, de 8 de junio, sobre disposiciones mínimas para la protección de la salud y seguridad de los trabajadores frente al riesgo eléctrico.
- Ley 54/2003, de 12 de diciembre, de reforma del marco normativo de la prevención de riesgos laborales.

No obstante, además de la normativa nacional y autonómica, la actuación en relación a la prevención de riesgos también debe considerar las **normas europeas,** destacando entre otras las siguientes directivas:

- Directiva 89/391/CEE: Directiva del Consejo, de 12 de junio de 1989, relativa a la aplicación de medidas para promover la mejora de la seguridad y de la salud de los trabajadores en el trabajo.
- Directiva 89/654/CEE: Directiva del Consejo, de 30 de noviembre de 1989, relativa a las disposiciones mínimas de seguridad y de salud en los lugares de trabajo.
- Directiva 90/269/CEE: Directiva del Consejo, de 29 de mayo de 1990, sobre las disposiciones mínimas de seguridad y salud relativas a la manipulación manual de cargas que entrañe riesgos, en particular dorsolumbares.

⮞ Directiva 90/270/CEE: Directiva del Consejo, de 29 de mayo, que establece las disposiciones mínimas de seguridad y de salud relativas al trabajo con equipos que incluyan pantallas de visualización.

⮞ Directiva 92/58/CEE: Directiva del Consejo, de 24 de junio de 1992, relativa a las disposiciones mínimas en materia de señalización de seguridad y de salud en el trabajo.

⮞ Directiva 2009/104/CE: Directiva del Parlamento Europeo y del Consejo, de 16 de septiembre de 2009, relativa a las disposiciones mínimas de seguridad y de salud para la utilización por los trabajadores en el trabajo de los equipos de trabajo.

✏️ ACTIVIDAD COMPLEMENTARIA

8. Existe un amplio abanico de normativas existentes a nivel nacional y autonómico referidas a la prevención de riesgos laborales, ¿conoces las de tu comunidad autónoma?

   Busca información sobre dicha normativa, destacando la más relevante y describiendo cómo le afecta la normativa nacional.

TAREA 16

Las bajas propiciadas por los accidentes ocurridos durante la jornada laboral hacen que la organización y desarrollo del trabajo se vean afectados, por lo que es muy importante atajar al máximo dicho problema, ya que la organización de la empresa Hermanos García Bravo se ve en ocasiones obligada a interrumpir su calendario de actuación por tal motivo.

Para ello, es importante dar a conocer a los integrantes de la empresa la importancia del cumplimiento de la normativa vigente, considerándose la Ley 31/1995, de 8 de noviembre, de Prevención de Riesgos Laborales la norma básica y más compleja a manejar.

Como responsable de la empresa crea un documento que tiene como fin orientar a tus empleados en base a la importancia de dicha ley, especificando lo referido a los artículos 14, 15, 16, 17 y 29, donde se exponen tanto los derechos de protección frente a riesgos laborales como a las obligaciones del trabajador.

Continúa en página siguiente >>

<< Viene de página anterior

Podrás acceder al siguiente enlace para ayudarte en la realización de la tarea:

https://redirectoronline.com/legionella0702

---

4. Legislación nacional y autonómica referida a la protección del medioambiente

 HILO CONDUCTOR

En el proceso de mantenimiento llevado a cabo en las instalaciones con riesgo de proliferación de legionela es común el uso de sustancias químicas, poniendo en riesgo tanto la salud del responsable de su aplicación como al medioambiente, ya que de forma accidental pueden contaminar torrentes de agua, atmósfera, etc., pudiendo aumentar dicho riesgo por una inadecuada manipulación.

Por ello, Manuel, uno de los integrantes de la empresa Hermanos García Bravo, ha propuesto una formación más completa en la que además de exponer información sobre la Prevención de Riesgos Laborales, también se incluya información sobre los riesgos ambientales referidos al uso de sustancias peligrosas, ofreciendo así una mayor información y concienciación a los trabajadores.

Tan importante es la formación en Prevención de Riesgos Laborales como dar a conocer los riesgos ambientales que supone el uso de sustancias o productos químicos relacionados con el mantenimiento de las instalaciones con riesgo de proliferación de legionela, ya que tanto un inadecuado uso de los EPI como una inapropiada dosis de sustancias o mezclas químicas supondrá un riesgo, pudiendo afectar en mayor o menor medida tanto a la integridad del trabajador como al medio que lo rodea.

Una inadecuada manipulación de los productos utilizados puede suponer un riesgo importante propiciado por derrames, que requerirán su eliminación para evitar males mayores que afectarían tanto al trabajador como al medio que lo rodea.

Tal es la importancia de la correcta **distribución, dosificación y almacenamiento de las sustancias y mezclas químicas** que se ha creado a nivel europeo el **Reglamento (CE) n.º 1907/2006,** denominado **REACH,** teniendo como objetivo principal mejorar la protección para la salud humana y el medioambiente frente al riesgo que puede suponer la fabricación, comercialización y uso de las sustancias y mezclas químicas.

Así mismo, se tendrá que tener presente el **Reglamento (UE) n.º 453/2010** de la Comisión, de 20 de mayo de 2010, por el que se modifica el Reglamento (CE) n.º 1907/2006 del Parlamento Europeo y del Consejo, relativo al registro, la evaluación, la autorización y la restricción de las sustancias y preparados químicos (REACH).

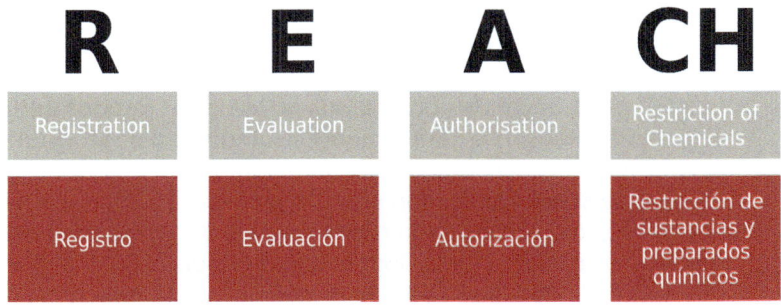

El Reglamento (CE) n.º 1907/2006 se denomina REACH por sus siglas en inglés.

La citada hasta ahora no es la única normativa relacionada con el control medioambiental y el uso de productos químicos, sino que a nivel nacional y autonómico también puede destacarse la normativa nacional y autonómica.

Respecto a la **normativa nacional,** cabe destacar:

- **Ley 21/2013, de 9 de diciembre, de Evaluación Ambiental.** Esta ley implanta las bases a seguir para la evaluación ambiental de programas, planes y proyectos que pueden tener efecto significativo sobre el medioambiente, promoviendo un desarrollo sostenible.
- **Ley 8/2010, de 31 de marzo, por la que se establece el régimen sancionador previsto en los Reglamentos (CE) relativos al registro, a la evaluación, a la autorización y a la restricción de las sustancias y mezclas químicas (REACH) y sobre la clasificación, el etiquetado y el envasado de sustancias y mezclas (CLP), que lo modifica.** Esta ley tiene como propósito dar a conocer el régimen jurídico sancionador aplicable al incumplimiento de los reglamentos relativos a REACH y CLP.
- **Real Decreto 1054/2002, de 11 de octubre, por el que se regula el proceso de evaluación para el registro, autorización y comercialización de biocidas.** Esta norma tiene como objeto la regulación de los requisitos de autorización y comercialización de los biocidas, la evaluación de su peligrosidad y riesgo, entre otras premisas.
- **Real Decreto 255/2003, de 28 de febrero, por el que se aprueba el Reglamento sobre clasificación, envasado y etiquetado de preparados peligrosos.** Esta norma tiene como objeto la aprobación del Reglamento sobre clasificación, envasado y etiquetado de preparados peligrosos para la salud humana y el medioambiente.

Por otro lado, la **normativa autonómica** relacionada con el control medioambiental y el uso de químicos es la siguiente:

- **Ley 7/2007, de 9 de julio, de Gestión Integrada de la Calidad Ambiental (Andalucía).** Esta ley tiene como propósito establecer un marco normativo adecuado para el desarrollo de la política ambiental de la Comunidad Autónoma de Andalucía, garantizando criterios de sostenibilidad, prevención, etc.
- **Ley 10/1993, de 26 de octubre, sobre Vertidos Líquidos Industriales al Sistema Integral de Saneamiento (Comunidad de Madrid).** Esta ley tiene como propósito regular los vertidos líquidos industriales al Sistema Integral de Saneamiento, con el fin de proteger las instalaciones de saneamiento, los recursos hidráulicos y, por tanto, el medioambiente y la salud de las personas en la Comunidad de Madrid.
- **Ley 16/2015, de 23 de abril, de protección ambiental de la Comunidad Autónoma de Extremadura.** Esta ley tiene como propósito establecer el marco normativo para el desarrollo de la política medioambiental de la Comunidad Autónoma de Extremadura y su integración en el resto de políticas autonómicas.
- **Ley 6/2017, de 8 de mayo, de Protección del Medio Ambiente de la Comunidad Autónoma de La Rioja.** Esta ley tiene como propósito esta-

blecer el marco normativo para el desarrollo de la política medioambiental de la Comunidad Autónoma de La Rioja.

 ACTIVIDAD COMPLEMENTARIA

9. Reflexiona sobre el siguiente artículo, en el que se muestra la importancia de relacionar la Prevención de Riesgos Laborales con los problemas medioambientales.

https://redirectoronline.com/legionella0703

¿Consideras justificable la necesidad de integrar ambas cuestiones en una normativa conjunta, con el fin de ofrecer una visión global, disponiendo de un instrumento de integración de dichos problemas? Determina la repercusión de su integración.

- -

 TAREA 17

Proteger el medioambiente conlleva directa e indirectamente una prevención de riesgos hacia el personal, tanto implicado en las labores de prevención como no, de ahí la importancia de salvaguardar el correcto uso en torno a la imposición de uso de agentes relacionados con la prevención y mantenimiento de las instalaciones con riesgos de proliferación de legionela.

Son muchos frentes los que abordan las leyes referidas a la protección del medioambiente (ruido, gases atmosféricos, contaminación del suelo…), siendo muy importante destacar las menciones referidas a las necesidades de actuación en torno a las torres de refrigeración y demás instalaciones con riesgo de proliferación de legionela, siendo dichas instalaciones las más representativas en torno

Continúa en página siguiente >>

<< Viene de página anterior

a su mantenimiento y control por parte de la empresa Hermanos García Bravo, por lo que conocer todos los requerimientos en torno a ellas será fundamental.

En base a esto, expón las medidas más destacadas referidas a este ámbito.

Puedes centrarte en el título II de la Ley 21/2013 de 9 de diciembre, en el que se describen las disposiciones reguladoras de los procedimientos de evaluación ambiental; de esta forma, contribuirás a la no contaminación ambiental, asegurando al mismo tiempo la integridad de tus trabajadores e instalaciones, ya que es importante recordar la relación existente entre un correcto mantenimiento, un adecuado uso de los EPI y el uso de los productos relacionados con el control higiénico-sanitario de las instalaciones.

5. Resumen

Actuar correctamente ante la necesidad de **mantenimiento higiénico-sanitario** de las instalaciones de riesgo frente a legionela, requiere tener conocimientos relacionados tanto con los procedimientos a aplicar propios del proceso como los relacionados con la **prevención de riesgos laborales** y la **protección del medioambiente.**

El desconocimiento de los procesos, así como una inadecuada actuación en torno al proceso de mantenimiento de este tipo de instalaciones, no solo pone en peligro al profesional que los lleva a cabo, sino que también pondrá en peligro a los usuarios de su entorno. Por eso, es fundamental conocer la **legislación vigente,** pues expondrá los requerimientos necesarios para una correcta actuación.

La **relación de normativa** expone desde las necesidades de formación hasta los procesos de actuación, pasando por la imposición de las sanciones, reconocimiento de biocidas, etc., siendo destacable las siguientes:

NACIONAL	AUTONÓMICA
- Real Decreto 2210/1995 - Orden SCO/317/2003 - Ley 14/1986 - Norma UNE 100030:2023 - Ley 31/1995 - Real Decreto 486/1997 - Ley 21/2013	- Decreto 60/2012 (Andalucía) - Orden conjunta de 22 de - febrero de 2001 (Comunidad valenciana) - Decreto 352/2004 (Cataluña) - Ley 10/2006 (Andalucía) - Decreto 81/2006 (Comunidad - de Madrid) - Ley 7/2007 (Andalucía) - Ley 6/2017 (La Rioja)

Por el gran abanico de normativa vigente, se ha destacado la más relevante. Pero esta puede ser complementada a través de varias fuentes, como puede ser la página del **BOE** o la del **Ministerio de Sanidad.**

Ejercicios de autoevaluación
Unidad de Aprendizaje 7

1. **Indica si las siguientes afirmaciones son verdaderas o falsas:**

   a. Los cursos de formación para la renovación de conocimientos para el personal que realiza las operaciones de mantenimiento higiénico-sanitario de las instalaciones con riesgo de proliferación de legionela serán comunes a nivel nacional.

   - ■ Verdadero
   - ■ Falso

   b. El Ministerio de Agricultura, Pesca y Alimentación será el encargado del control y tratamiento de legionela.

   - ■ Verdadero
   - ■ Falso

   c. Toda comunidad autónoma que dicte normas a nivel autonómico estará exenta del seguimiento de la normativa nacional.

   - ■ Verdadero
   - ■ Falso

   d. Los avances técnicos en relación al tratamiento y generación de nuevos productos relacionados con legionela, avanzan gracias a las exigencias de la normativa vigente.

   - ■ Verdadero
   - ■ Falso

2. **A nivel nacional, ¿qué normativa establece los criterios higiénico-sanitarios referidos a la prevención y control de la legionela?**

   a. Real Decreto 487/2022, de 21 de junio.
   b. Real Decreto 109/2010, de 5 de febrero.
   c. Reglamento 852/2004, de 29 de abril.
   d. Ley 31/1995, de 8 de noviembre.

3. ¿Qué normativa a nivel nacional se considera, desde el punto de vista de la seguridad y salud en el ámbito laboral, como la más completa, incluyendo no solo las bases sobre obligaciones y responsabilidades en prevención, sino también el fomento de una auténtica cultura preventiva?

    a. Real Decreto 39/1997, de 17 de enero.
    b. Real Decreto 485/1997, de 14 de abril.
    c. Ley 31/1995, de 8 de noviembre.
    d. Decreto 26/2010, de 9 de febrero.

4. ¿Qué normativa actual dicta las premisas a tener presentes en la regulación del proceso de evaluación para el registro, autorización y comercialización de los biocidas?

    a. Ley 21/2013, de 9 de diciembre.
    b. Ley 8/2010, de 31 de marzo.
    c. Real Decreto 1054/2002, de 11 de octubre.
    d. Todas las opciones son incorrectas.

5. El Reglamento (CE) n.º 1907/2006 de 18 de diciembre se denomina...

    a. ... REACH, siendo estas las siglas en inglés de Registro, Evaluación, Autorización y Restricción de sustancias y preparados químicos.
    b. ... DPP, haciendo referencia a la Directiva de preparados peligrosos.
    c. ... SGA, correspondiendo a Sistema Globalmente Armonizado.
    d. ... CLP, en base a la clasificación, etiquetado y envasado de las sustancias y mezclas biocidas.

Glosario

ACS
Acrónimo de Agua Caliente Sanitaria.

AFC
Acrónimo de Agua Fría de Consumo.

AFNOR
Asociación Francesa de Normalización.

Ambiente hídrico
Ecosistemas en los que el agua es un recurso fundamental, siendo ejemplo de ello ríos, acuíferos, etc.

Amplificador
Instalaciones fabricadas para contener agua a temperaturas entre 36 y 45 °C.

Asepsia
Ausencia de gérmenes que pueden provocar una infección.

Biocida
Sustancia o preparado que incluye una o más sustancias activas, destinadas a destruir, neutralizar o contrarrestar cualquier organismo nocivo por medios químicos o biológicos.

Diseminador
Dispositivo que genera aerosoles como humidificadores, torres de refrigeración, etc.

ECHA
European Chemicals Agency.

Electroforesis
Técnica utilizada para la separación de moléculas, según su movilidad en un campo eléctrico.

ENAC
Entidad Nacional de Acreditación.

Fiebre de Pontiac
Enfermedad bacteriana no neumónica cuyo cuadro clínico es leve y se presenta con un síndrome febril agudo, no requiriendo un tratamiento específico.

Índice global
Resultado obtenido en torno al estudio del índice estructural, de mantenimiento y operación.

Legionela
Bacteria que se encuentra en los ambientes hídricos como pueden ser ríos, barro, manantiales calientes, lagos, etc., mostrando unas concentraciones muy bajas, por lo que su propagación en el ser humano requiere de amplificadores y diseminadores.

Legionelosis
Enfermedad bacteriana que incurre con gran incidencia en la población, pudiéndose confirmar que es una de las denominadas "enfermedades mediáticas".

pH
Coeficiente utilizado para mostrar el nivel o grado de acidez de una solución acuosa.

Punto de purga
Lugar donde se llevará a cabo la toma de muestra, o bien, punto por el que se desarrolla el drenaje de una instalación.

Torunda
Dispositivo dotado de una barita finalizada en algodón y gasa estéril, utilizado para la recogida de muestras.

Bibliografía

Monografías

→ SÁNCHEZ Guillén, L. A.: *Compendio de Legionella y legionelosis: control de brotes ambientales e instalaciones sensibles.* Zaragoza: L. A. Sánchez, 2016.

   Este manual desarrolla un estudio completo sobre las características de la bacteria y establece los pasos a llevar a cabo ante el control y mantenimiento de los sistemas relacionados con su proliferación.

→ DÍAZ Fernández, J. M.: *Ecuaciones y cálculos para el tratamiento de aguas.* Madrid: Ediciones Paraninfo, 2019.

   Este manual expone ejemplos de cálculo sobre las necesidades de tratamiento de aguas.

Textos electrónicos, bases de datos y programas informáticos

→ Agencia Estatal Boletín Oficial del Estado: legislación consolidada, de: <http://www.boe.es>.

   Página web de la Agencia Estatal Boletín Oficial del Estado donde puede consultarse la legislación vigente y actualizada.

→ Biocidas autorizados (ROB/ROP). Consejería de Salud de la Junta de Andalucía, de: <https://www.juntadeandalucia.es/organismos/saludyconsumo/areas/entornos-saludables/salud-ambiental/paginas/rob-rop.html>.

   Página web en la que se expone el registro oficial de plaguicidas y biocidas, así como los casos particulares de su utilización.

→ Biocidas. Ministerio de Sanidad, de: <https://www.sanidad.gob.es/ciudadanos/saludAmbLaboral/prodQuimicos/sustPreparatorias/biocidashome.htm>.

   Portal de internet dependiente del Ministerio de Sanidad, en el que se expone de forma detallada información referente a los biocidas, en relación a su uso, lista activa de sustancias, normativa relacionada con su control y usos, etc.

→ Boletín Epidemiológico Semanal en Red. Instituto de Salud Carlos III, de: <https://www.isciii.es/QueHacemos/Servicios/VigilanciaSaludPublicaRENAVE/EnfermedadesTransmisibles/Boletines/Paginas/BoletinSemanalEnRed.aspx>.

> Página web del Instituto de Salud Carlos III, dependiente del Ministerio de Ciencia, Innovación y Universidades, en el que se muestran los boletines Epidemiológicos Semanales, permitiendo comprobar los casos confirmados, así como el histórico de forma semanal.

→ Guía técnica para la Prevención y Control de la legionelosis en instalaciones. Ministerio de Sanidad, Consumo y Bienestar Social, de: <https://www.sanidad.gob.es/ciudadanos/saludAmbLaboral/agenBiologicos/guia.htm>.

> Portal de internet dependiente del Ministerio de Sanidad, en el que se presenta de forma completa la Guía Técnica para la Prevención y Control de la legionelosis en instalaciones.

→ Portal de Información REACH-CLP. Ministerio para la Transición Ecológica y el Reto Demográfico, de: <https://www.miteco.gob.es/es/calidad-y-evaluacion-ambiental/temas/productos-quimicos/portal-reach-clp//>.

> Página dependiente del Ministerio para la Transición Ecológica y el Reto Demográfico, en la que se exponen los reglamentos referidos a REACH y CLP, aportando información de especial interés.

→ Registro de plaguicidas no agrícolas o biocidas. Ministerio de Sanidad, de: <https://www.sanidad.gob.es/ciudadanos/productos.do?tipo=plaguicidas>.

> Página web dependiente del Ministerio de Sanidad, en la que se puede llevar a cabo la búsqueda de los biocidas autorizados en base a sus usos, finalidad, composición, número o clasificación.

Legislación y normativa

→ Ley 21/2013, de 9 de diciembre, de evaluación ambiental.

→ Ley 8/2010, de 31 de marzo, por la que se establece el régimen sancionador previsto en los Reglamentos (CE) relativos al registro, a la evaluación, a la autorización y a la restricción de las sustancias y mezclas químicas (REACH) y sobre la clasificación, el etiquetado y el envasado de sustancias y mezclas (CLP), que lo modifica.

→ Ley 31/1995, de 8 de noviembre, de Prevención de Riesgos Laborales.

→ Ley 14/1986, de 25 de abril, General de Sanidad.

→ Real Decreto 487/2022, de 21 de junio, por el que se establecen los requisitos sanitarios para la prevención y el control de la legionelosis.

→ Real Decreto 830/2010, de 25 de junio, por el que se establece la normativa reguladora de la capacitación para realizar tratamientos con biocidas.

→ Real Decreto 1027/2007, de 20 de Julio, por el que se aprueba el Reglamento de Instalaciones Térmicas en Edificios (RITE).

→ Real Decreto 255/2003, de 28 de febrero, por el que se aprueba el Reglamento sobre clasificación, envasado y etiquetado de preparados peligrosos.

→ Real Decreto 1054/2002, de 11 de octubre, por el que se regula el proceso de evaluación para el registro, autorización y comercialización de biocidas.

→ Real Decreto 39/1997, de 17 de enero, por el que se aprueba el Reglamento de los Servicios de Prevención.

→ Real Decreto 485/1997, de 14 de abril, sobre disposiciones mínimas en materia de señalización de seguridad y salud en el trabajo.

→ Real Decreto 486/1997, de 14 de abril, por el que se establecen las disposiciones mínimas de seguridad y salud en los lugares de trabajo.

→ Real Decreto 2210/1995, de 28 de diciembre, por el que se crea la red nacional de vigilancia epidemiológica.

→ ORDEN SCO/317/2003, de 7 de febrero, por la que se regula el procedimiento para la homologación de los cursos de formación del personal que realiza las operaciones de mantenimiento higiénico-sanitario de las instalaciones objeto del Real Decreto 909/2001, de 27 de julio.

→ Norma UNE 100030:2023. Prevención y control de la proliferación y diseminación de *Legionella* en instalaciones.